Lydia Guyer

Keine Louise
Nur die andern kriegen Kinder

Lydia Guyer

Keine Louise
Nur die andern kriegen Kinder

Zytglogge

Alle Rechte vorbehalten
Copyright by Zytglogge Verlag Bern, 1997
Lektorat: Esther Kaiser Messerli
Umschlagfoto: Ursula M. Seiler, Basel
Gestaltung und Herstellung: Sonja Benz
Druck: AZ Druckhaus, Kempten
ISBN 3-7296-0551-8

Zytglogge Verlag Bern, Eigerweg 16, CH–3073 Gümligen

ich habe Brandwunden
du vielleicht auch
wen die Sonne umarmt mit ihren Strahlen
der hat Brandwunden

Anna Maria Schneider

Sechs schwarz gekleidete Männer tragen den Bleisarg durch die engen Strassen. Die grelle Nachmittagssonne scheint unbarmherzig auf die Rosengestecke und Frehsienkränze, die die jungen Leute wie ungehörige Trophäen in ihren Armen halten. Die Trommeln, Trompeten und Posaunen der Feldmusikanten schweigen. Hinten am Berg rauscht der Wasserfall.
Als der endlose Zug der Trauernden vorüber ist, setzt sich die Wirtin zu mir. Sie habe den Toten gekannt, sagt sie. Neunzehn sei er gewesen und fröhlich und wenn er hier im Garten des Restaurants gesessen habe mit seinen Freunden von Müstair und dem Südtirol, habe er stets gewitzelt und Sprüche geklopft, auf Romanisch, nur die Pointe Italienisch; und singen habe er gekonnt, sie erinnere sich an die Firmung, dieses Lied in der Kirche, wie Vico Torriani, den Müttern seien die Tränen gekommen; und die Lehrabschlussprüfung vor einer Woche, mit der Ehrenmeldung und dann dieser Autounfall, im Ausland, die Mutter sei untröstlich, ihr einziges Kind ...
Ich starre auf die Hummel, die am Weinglasrand gelandet ist und brummt und surrt, als brächte sie der unerwartete Weingenuss in Rage.
Der Wirtin höre ich nur mit halbem Ohr zu. Bevor sie ans Telefon gerufen wird, schaut sie mich an und fragt: Haben Sie auch Kinder?

1.

Céline!
Céline, schnell!
Wenn die Mutter meinen Namen nannte, laut und ungeduldig, ohne ein Beiwort, stieg die Angst in mir auf, etwas falsch gemacht zu haben. Oder es gab Arbeiten für mich, in Haus oder Garten.
Das «Céline – schnell» hingegen war ein Signal, eindeutig. Es gehörte zu meiner Kindheit wie die Kirchenglocken zum Sonntagsgottesdienst:
Céline, schnell, hol die Frau Brovio, Céline schnell, hol die Anna Ledergerber, die Meissen.
Ich wollte nicht gestört werden. Weder bei den Schulaufgaben noch beim Lesen. Dort vor allem nicht.
Ich las, was mir in die Finger kam, Märchen und Zeitschriften und Hefte, auch Bücher für Erwachsene. An eine antike Fabel erinnere ich mich besonders. Obwohl ich sie nicht verstand, faszinierte sie mich und ich musste sie im Versteckten immer wieder lesen. Die Affen, hiess es bei Babrios, gebären zwei Kinder. Das eine lieben sie und ernähren es mit zärtlicher Sorgfalt, das andere hassen sie und stossen es fort. Nun bewirkt aber eine geistige Fügung, dass das erste, das die Mutter so zärtlich pflegt und mit aller Kraft liebhält, von ihr totgedrückt wird, während das andere, das sie vernachlässigt, prachtvoll gedeiht.
Mama machte mir wegen meiner Lesewut oft Vorwürfe: Was hast du von diesem ewigen Buchstabenfressen? Du solltest endlich lernen, ordentlich Socken zu stricken!
Wenn das Telefon klingelte und fremde Stimmen aus dem glänzenden Wandkasten des elterlichen Hausflurs ertönten, war es, wie wenn wir Gäste hatten – die Mutter wich ab von ihren Prinzipien; ich durfte ungestraft Treppenstufen überspringen, auf dem feuchten Rasen rennen und fluchen.

Unsere drei Nachbarinnen hatten kein eigenes Telefon, weil sie, wie sie sagten, nur anriefen, wenn sie dringend einen Arzt brauchten.

Guten Tag, Céline, mein Schatz, säuselte die Meissen, nachdem ich schüchtern an ihre Türe geklopft hatte. Frau Meissen warf einen Blick auf ihre lackierten Fingernägel und den stets blumigen Rock, sagte, danke, Céline, ich komm gleich mein Schatz, und stöckelte mit offenen Schuhen über den Gartenweg zu uns, wo sie am Telefon zärtliche Worte wechselte mit einem gewissen Monsieur te Brake.

Ich äugte durch das Türschloss.

Schade, dass der ausschliesslich in der Abwesenheit von Herrn Meissen anrufende Monsieur te Brake nicht sehen konnte, wie sich Frau Meissens Lippen bewegten, die dicken, himbeerroten, dass er nichts wusste vom Zwinkern in ihren Augen und der gestikulierenden Hand.

Auf Wiedersehen, Céline, mein Schatz, verabschiedete sich die Nachbarin, nachdem sie sorgfältig den Hörer eingehängt hatte und stolz wie ein Engel ihrem Heim zuschwebte, das «Pachystachys» hiess.

Die Freundlichkeit der Meissen war mir zuwider, ich mochte es nicht, wenn sie das Wort «Schatz» meiner Bücherwelt entriss und es auszusprechen wagte wie Latrine oder Konfitüre.

Die zweite Nachbarin, gleich über die Strasse, war alleinstehend, wortkarg, ständig am Putzen. An ihren Händen, die nach Essig und Kampfer rochen, glänzte ein protziger Wappenring, den Anna Ledergerber einmal im dunklen Hausgang verloren und mit meiner Hilfe wieder gefunden hatte. Nicht einmal danke hatte mir das ältliche Fräulein gesagt, gar nichts, überhaupt sprach es kein Wort zuviel, umso mehr redeten die Leute. Annelis Schränke, sagten sie, seien vollgestopft mit kostbaren Kleidern für die Hochzeit und die Flitterwochen, die wegen des Krieges nie stattgefunden hätten.

Die einzige Person, die regelmässig und von allein zu meinen

Eltern kam, um mit ihrem Arzt zu telefonieren, war die alte Frau Brovio.
Doktor, keuchte die asthmatische Frau mit dem wackligen Gebiss, Doktor, hier spricht die Frau Brovio.
Luftholen.
Herr Doktor, Sie müssen kommen. Es ist Zeit zum Auswechseln.
Manchmal, wenn die Arzthelferin am Apparat war, musste sich die trommelleibige Grossmutter erklären. Sie hauchte ein unheimlich schwieriges Wort in den Hörer, das tönte wie Kater oder Katheter.
Leider ist mir bei meinen Besuchen im Nachbarhaus dieses Katheterwesen nie begegnet. Vielleicht war es bloss ein Geist und entwich dem Dampf der roten Brühe, die mir die alte Frau Brovio jeweils vorsetzte mit den Worten: Hagebutten, Céline, und Frauenmänteli musst du trinken, wenn du viele Kinder willst! Ich nickte belustigt und nippte zum Schein an der abscheulichen Flüssigkeit. Während die Nachbarin ein Stück braunen Brustzuckers im Gänterli für mich suchte, leerte ich die Tasse in den Ausguss.

Wenn ich an meine Kindheit denke, so fällt mir für meine Familie das Bild vom Cocomobil ein, einem Kleinauto, das sich von andern Autos unterschied, weil es vorn zwei Räder hatte und bloss eines hinten. Meine älteren Geschwister, die Zwillinge, waren stets fügsam, taten vorn gleichzeitig das Gleiche, während ich mich hinten allein und bedeutungsloser fühlte. Dank der Geschicklichkeit meines Vaters, der mit Humor das Gefährt lenkte und es von gefährlichen Stürzen in den Strassengraben bewahrte, fuhren wir ziemlich unfallfrei.
Bei den gemeinsamen Fahrten über Land hüllte sich meine Mutter in Decken, sie bediente die Hupe, um die Kleinen, wie sie sagte, auf die Weltwunder aufmerksam zu machen. Papa fuhr langsam, bedächtig, überforderte niemand, und als er

eines Tages in noch jungen Jahren starb, übernahm Mama etwas ängstlich die Führung.

Oft blieb das Auto an einem See, am Fusse eines Berges oder auf unserem Hausplatz stehen, wo es viel zu sehen und zu bestaunen gab. Samstag für Samstag bestand die Mutter auf einer gründlichen Reinigung, wie es sich gehörte und wie es alle taten.

Das Cocomobil wurde nie zu Schrott gefahren. Obwohl sich im Laufe der Jahrzehnte die Räder verselbstständigten und einzelne Bestandteile verrosteten oder gar verloren gingen, hielt eine unsichtbare Karosserie das Gefährt locker zusammen.

Etwas belächelt von meinen älteren Geschwistern und mit geringer Unterstützung meiner Mutter steuerte ich selbstbewusst und geradlinig mein Berufsziel an. Niemand in der Verwandtschaft und schon gar nicht ein Mädchen wandte sich wie ich einem graphischen Beruf zu, vom dem man nicht wusste, ob er dem Handwerk oder dem unseriösen und unrentablen Künstlertum näher war.

Mein selbstverdientes Geld legte ich auf die Seite; nach Amerika wollte ich, das Land sehen und die Sprache lernen, doch England war näher und seine Sprachschulen berühmt. Zum Geburtstag schenkte mir Mama das Flugticket.

Shampoo, Pillen, Wässerlein, Deodorant, Lippenstift und Tampons lagen offen da, ausgesetzt den Blicken der diensttuenden Beamten, den Passagieren, die nach mir kamen, und den Zuschauern auf der nahen Tribüne. Die Handgepäck-Kontrolle wurde auf dem Rollfeld durchgeführt, improvisiert, auf meterlangen Tischen, gleich neben der bereitstehenden Boeing.

Ein Fluggast in meiner Reihe, ein behäbiger junger Schweizer, machte die Faust in der Luft und fluchte: Wenn in unsere Swissairmaschine ein Terrorist einsteigt wie gestern, so ein gottverdammter Araber, drehe ich dem glatt den Hals um! Bitte sei still, flüsterte seine Freundin und hakte sich bei ihm unter.

Zuvorderst auf der Zuschauertribüne stand meine Mutter. Sie heulte. Wahrscheinlich bemerkte sie die verstohlenen Blicke der Umstehenden nicht. Langsam und sorgfältig, als stünde sie daheim am Bügelbrett, faltete sie das genässte Taschentuch. Ich wartete noch immer in der Schlange. Die Handgepäckkontrolle dauerte ewig. Ich schaute hinauf zu Mama. Plötzlich war mir, als hörte ich ihre sorgenden Worte:
Pass auf, Céline.
Denk an den Linksverkehr.
Sei fleissig.
Pass auf und bekomme mir kein Kind, mein Gott, Céline, vor allem kein Kind.
Du musst aufpassen, Kleine, hörst du?
Während ich den Toilettensack in meinem Handgepäck verstaute, meinte ich zu sehen, wie Mama in ihr gefaltetes Nastuch schneuzte.

Er war Araber.
Ausgerechnet.
Er sass in derselben Klasse. Bei den gemeinsamen Schularbeiten rief ich mir die Sicherheitskontrollen auf dem Zürcher Flughafen in Erinnerung. Ich redete mir ein, dass Araber Terroristen seien, schrecklich böse, unberechenbare, fanatische Menschen, denen nicht über den Weg zu trauen war.
Es half nicht.
Mein Araber war lieb, schön, anständig, gescheit.
Wenn wir nebeneinander im Klassenzimmer sassen, spürte ich ein angenehmes Prickeln in meinem Bauch. Allabendlich, bei den Spaziergängen durch die weitläufigen Parks, erzählten wir einander von den Menschen in unserer Heimat, vom Essen und Trinken, von den Festen, die wir zu Hause feierten, und von dem, was uns beide zum Lachen brachte, als wir noch Kinder waren.
Manchmal, wenn der Londoner Himmel seine Schleusen öff-

nete, flüchteten wir in die Kinos. Schmusend und colatrinkend hingen wir in den sofaähnlichen Sitzen und guckten uns durch die mitternächtlichen Spätprogramme.

An schulfreien Tagen bestiegen wir gewöhnlich die Greenline-Busse nach Cambridge und Southhampton. Während Nieselregen die Fenster kohlensäureartig beschlugen, schmiegten wir uns aneinander wie Katzen und flüsterten zärtliche Worte. Passiert, Mama, ist nichts.
Oder?

Rachid setzte seine Studien in einer südlichen Stadt fort und auch ich war angestrengt bemüht, meine Examen zu bestehen. Mein irakischer Freund und ich trafen uns zu dieser Zeit jedes Wochenende.

Monate später, an einem nebligen Novembermorgen, zwängte ich mich auf dem Victoria-Bahnhof durch die Menschenmassen. Ich eilte einem ausfahrenden Zug nach, als hätte ich das Einsteigen verpasst. Ein neuer Zug fuhr auf dem angrenzenden Bahnsteig ein. Hunderte von Pendlern quollen den Ausgängen zu. Ich liess mich treiben wie ein Blatt im Wind, vor und zurück, hin und her.

Endlich stand ich vor einer Telefonkabine. Ich wählte seine Nummer.

Hello!

Hello Rachid. Rachid, I … I didn' t get it …

Sorry, my dear, what do you mean by …

Rachid, I didn' t get my monthly …

Ich konnte nicht weitersprechen, ein Tränenstrom rann über den deformierten Hörer.

Das andere Ende der Leitung blieb stumm. Als Rachid endlich wieder zu reden begann, klang seine Stimme ungewohnt kühl:

Ach, wenn es weiter nichts ist, Darling, es gibt Adressen, nirgends so gute wie in London, Frauen kommen sogar aus dem Ausland, das weisst du doch. Und, my love, es ist billig und …

Ich hängte ein.

Durch das schmutzige Kabinenglas sah ich, wie neue Pendler neue Eisenbahnwagen verliessen, wie Männer und Frauen zur Arbeit eilten, als könnten sie kaum warten, auf ihren Bürostühlen zu sitzen, Briefe zu tippen und mit aller Welt zu kommunizieren.

Nach geraumer Zeit verliess ich die Telefonkabine, stieg in die Untergrundbahn und fuhr zur Konditorei, wo ich wusste, dass es wie in der Schweiz Crèmeschnitten gab, richtige, süsse, gelbschwappende, und Café Mélange, die Nidel extra in einem getüpfelten, bauchigen Topf.

Ich ass und trank und bestellte nach.

Auf einmal spürte ich Schmerzen im Bauch. Ich schob die Nidelschüssel zur Seite und schwor mir, die süssen Herrlichkeiten nicht mehr anzurühren.

Plötzlich musste ich lächeln, nein ich lachte laut auf, mitten im überfüllten, vornehmen Coffeehouse in Chelsea, denn ich war mir sicher, dass sie es waren, die vertrauten, allmonatlichen, schön-zerrigen Schmerzen in Bauch und Rücken, die die Menstruation begleiteten.

Ich beschloss, Rachid heute nicht anzurufen, vielleicht morgen oder vielleicht gar nie mehr.

Wegen den roten Flecken in meinem Slip hätte ich die Toilettenfrau umarmen mögen und jenen Commonwealthbürger, der vor dem Eingang zur Untergrundbahn sass und seine Bettlerhand nach mir ausstreckte.

Passiert, Mama, ist nichts.

Kein Unfall, kein Kind, nichts ist passiert.

Oder?

Von Chelsea fuhr ich zur Schauspielerin, der ich neben meinem Sprachstudium half, Berge von Blusen und Röcken zu bügeln. Das französische Kindermädchen öffnete mir die Tür mit geröteten Augen.

Ich folgte Micheline ins Bügelzimmer.
Maman habe ihr eingeschärft, begann die Achtzehnjährige sogleich loszuheulen, Maman habe gesagt ...
Dieses Lied kannte ich.
Mein Atem stockte. Du bist schwanger?, stiess ich hervor, als sei dies ein Ding der Unmöglichkeit.
Ja, sagte Micheline weinend und schlug sich mit ihrer flachen Hand auf den Bauch, ich bin im dritten Monat.
Verwirrt dachte ich, dass es Menschen gab, die Glück, und andere, die Pech hatten. Ich zählte mich im Moment zu den sehr Glücklichen, weil ich, so nahm ich wenigstens an, nicht unerwünscht schwanger war.
Ma très chère amie, flüsterte ich beinahe beschwörend, als Michelines Schluchzen immer lauter und durchdringender wurde, Micheline, ich verstehe dich doch, liebe, sehr liebe Freundin, ich kann erahnen, wie du dich jetzt fühlst, denn erst vor ein paar Stunden ...
O, Céline, seufzte Micheline aus der Tiefe ihres Herzens und presste ihr heisses, nasses Gesicht an meine Wange. Lange lagen wir zwei jungen, ausländischen Frauen einander in den Armen und fühlten uns nah. Wir weinten beide still vor uns hin, während wir wortlos die uns zugewiesenen Arbeiten verrichteten.
Bevor ich in meine Studentenbude zurückkehrte, sprach ich Micheline Mut zu. Gleichzeitig schickte ich Bitten zum Himmel. Gott, gnädiger, guter, barmherziger Gott, betete ich so inbrünstig wie nie zuvor, Gott hilf, dass mir das Schlimmste nie passiert!
Es passierte mir nie.

Als mich meine Mutter nach einem Jahr am Zürcher Hauptbahnhof wieder in ihre Arme schloss, strahlte sie. Alles gut gegangen?, fragte sie. Ich nickte. Mama schaute mich prüfend an: Du bist ernster geworden, meinte sie. Doch etwas passiert?

Ich versuchte zu scherzen: Ja, Mama, ich besitze jetzt ein englisches Sprachdiplom!
Meine Mutter war stolz auf mich. Von den beiden Ansichtskarten in meiner Handtasche erzählte ich ihr vorderhand nichts. Die eine, die farbigere Karte stammte aus Toulouse, die andere aus Basra, einer irakischen Hafenstadt.
Während der ersten Zeit, als ich wieder in der Schweiz war, gingen einige Briefe auf Französisch und Englisch hin und her. Im belanglosen Plauderton erzählte Micheline von ihrer Tochter Nathalie und Rachid von seinem Job in der Ölindustrie. Ich schickte nach Frankreich und in den Irak Ansichtskarten von Walliser Bergen, auf die ich geklettert war. Schliesslich verlor ich Micheline und auch Rachid aus den Augen.

Wie im Flug vergingen die folgenden Jahre. Ich war immerzu beschäftigt, arbeitete und vergnügte mich. Vor allem aber war ich auf der Suche nach Neuem, nach Aufregendem, Ausserordentlichem. Ich wechselte die Arbeitsstellen und die Freunde.
Hast du jetzt alles erreicht?, fragte meine Mutter, als ich eines Tages heiratete und ein eigenes Werbeatelier eröffnete.

Schiebetüre auf, Schiebetüre zu. In Intervallen das Geräusch wie von einem Zahnarztbohrer im Hornissenschwarm.
Ich kannte die jungen Leute nicht, die gruppenweise durch die automatisch sich öffnende Eingangstür traten. Die meisten schleppten, kaum eine Handbreit über dem Boden, schwarze oder grellfarbene, langformatige, babytragtaschenähnliche Sportsäcke.
Das graue Bildungshaus stand ausserhalb der Stadt, mit freier Sicht auf Berge, Seen und Hügel. Inbegriffen im Pensionspreis war die jauchegeschwängerte, kuhglockenbimmlige Luft als möglicher Garant für gesteigerte Merkfähigkeit.
Sébastians Klasse hatte sich für das Thema Werbung entschieden und mich als Fachfrau zu dieser Arbeitswoche eingeladen.

Ich war in einer sehr kreativen Phase und verliess mein Büro nur ungern. In meinem Kopf schwirrten haufenweise Ideen, die sich, Staubpartikeln gleich, stets irgendwo bei einem Kunden niederliessen. Wenn ich schliesslich doch eingewilligt hatte, mit Sébastians Schülerinnen und Schülern über Werbung zu sprechen, hatte das einen einfachen Grund: Ich war neugierig auf alles nie Getane, nie Gesagte, nie Probierte.
Vor meiner Fahrt ins Bildungshaus war ich im Büro mit meiner Assistentin zusammengesessen und hatte ihr erklärt, wie sie sich gegenüber dem Auftraggeber der Mousse-Surprise-Inserate verhalten solle. Wenn der gewichtige Mann erscheint, Chantal, sagte ich, müssen die Collagen gerahmt und aufgehängt im Büro hängen.

Chantal und ich kannten uns schon lange, wir hatten dieselbe Vorstellung von Werbemoral und interessanterweise sprühten wir meist auch zur selben Zeit vor Arbeitslust und gagiger Kreativität. Zuweilen versanken wir aber in eine dumpfe Ideenlosigkeit und brachten keine Skizzen und keine werbesinnigen Sprüche mehr aufs Papier. In solchen Stunden meldeten wir uns ab bei Isi, unserm Sekretär, und schwitzten unsere Leere in der Sauna weg. Nachher, auf dem Weg zum Restaurant, ahnten wir zumeist, wie die nächste Schweizerkäse-, Fertigsuppen- oder Joghurt-aus-dem-Glas-Werbung aussehen würde.

Ein Mädchen mit zündholzkurzen, rotgrünen Haaren und Schichten von übereinander getragenen T-Shirts, Pullovern, Röcken und Echarpen schaute sich an der Türe fragend um. Gehörte die etwa auch zu Sébastians Klasse?
Ich hatte meinen Ehemann nie gefragt, wie sie sich kleiden, die Schülerinnen und Schüler der Klasse 6b. Wenn Sébastian von der Schule sprach, dann meist vom Lehrstoff oder darüber, dass die Schülerinnen und Schüler noch im Gymnasium Kin-

der seien, die alles gierig schluckten, was appetitlich vor ihnen läge.
Sébastians Klasse zu einer Kundenbesprechung mitzunehmen war leider unmöglich, da meine Auftraggeber sehr empfindlich waren und in ständiger Angst lebten, die Konkurrenz könnte sie überrunden. Als Geschäftsfrau hatte ich gelernt, meine Kunden mit Glacéhandschuhen anzufassen, und sie, wenn sie es brauchten, als Könige zu behandeln.
In meiner Mappe lagen Entwürfe, die unsere Agentur tatsächlich ausgeführt hatte: Eine Werbung für Repsolent, die nicht wie Zahnpasta-Reklame aussah, und einen Fleisch-Marinade-TV-Spot, der, laut Kompliment des Auftraggebers, aus Berechnung originell war.
Ich sass wartend im Foyer des Bildungshauses und dachte daran, dass mich Sébastians Klasse in gut einer Viertelstunde erwartete. Ich streckte die Beine, berührte mit der Hand meinen Nacken und stellte den Blusenkragen hoch.
Das Gefühl der Aufregung, ein leichtes Stechen in meinem Magen, konnte ich fernhalten, wenn ich unsere Telefonnummer einstellte. So versetzte ich mich für Sekunden in unsere Wohnung. Ich sah die Vitrine mit den chinesischen Töpfereien vor mir, über dem Spinett Giacomettis «Glaskugel», in Gestellen, auf Tablaren, in Körben und Ständern Zeitschriften, Zeitungen, Bücher, auf dem Glastisch den Feuerbuschzweig, der seinen Saft, lebensmüde, mit dem Vasenwasser vermischte.
Sobald der Augenblick kam, da ich genug heimische Geborgenheit getankt hatte und über meine Marotte lächeln konnte, war das Stechen vorbei, die Angst gewichen, der kritische Moment überbrückt.
Ich holte jetzt die Mappe mit den Unterlagen vom Sessel des Foyers und ging leichten Schrittes in das mir zugewiesene Zimmer. Das Experiment «Schule und Werbung» begann, es gelang und ich fühlte mich gut.

Der Regen klatschte ans Haus, an den Plastik des sich in Renovation befindenden Dachstuhls neben unserm Büro.
Trostloser Sommer, meinte Chantal nach der Besprechung mit jenem Kunden, der jede unserer Werbe-Ideen «genial, schnittig, umwerfend und satanisch verführerisch, aber leider zu wenig aggressiv» fand.
In der harten Auseinandersetzung mit unserem Kunden war Chantal das Zauberwort zugefallen; es bestand, o Wunder, aus einer veränderten Vorsilbe. Ausarbeiten!, hatte der Kunde uns beim Abschied befohlen und unter der offenen Bürotür geseufzt: Bei diesem Wetter, meine Damen, schickt man keinen Hund hinaus!
Chantal feilte an ihren Fingernägeln. Der neue Entwurf wollte nicht gelingen. Sie kam zu mir, schlug den bewährten Ideenquellort vor.
Du musst heute allein in die Sauna gehen, sagte ich, Nico braucht meine Hilfe. Unser Lehrling im dritten Ausbildungsjahr hatte Schwierigkeiten daheim und in der Gewerbeschule.
Chantal und ich trafen uns später vor der Hotelbar. Ich trug meine Daunenjacke, aber keinen Schirm. Im Gegensatz zu meinem zimperlichen Kunden liebte ich Wind und Wetter, Regen und Sturm.
Ich bestellte das übliche rote Getränk, heute ohne Eis und Zitrone. Du solltest dir einen Hund halten, du bist so wetterfest, meinte Chantal und lachte. Ich wehrte ab: Um Himmels willen, nein, keinen Hund!
Ich begann, Chantal von meinen Bauernhofferien zu erzählen: Gino, Mutters Cousin, liebte das Célinchen aus der Stadt. Ferien bei ihm waren für mich das Allergrösste und die Eltern hatten eine Esserin weniger.
Eines Tages aber packte er zu.
Wer?, fragte Chantal erschrocken.
Nein, nicht der Bauer, beruhigte ich Chantal, Wädi biss mich, der junge Appenzeller Sennenhund, haarscharf unter meinem

rechten Auge. Dreissig Kilometer waren es bis zum nächsten Arzt, die Dorfkrankenschwester konnte man in zehn Minuten mit dem Fahrrad erreichen. Sie behandelte gegen ein Trinkgeld.
Im abgelegenen Tal ging fast jedermann zu ihr, wenn er nicht lebensgefährlich verletzt war oder eine tödliche Krankheit hatte. Die Klosterfrau genoss hohes Ansehen bei den Bauern und ihren Knechten und Mägden. Wie die Dorfhebamme war Schwester Petronella eine gute Fee, eine Zauberin, die ohne Apparate und Maschinen half, wenn frau und man an sie glaubte. Je ärmer die Kranken, desto eher glaubten sie.
Als ich nach dem Hundebiss zu Schwester Petronella gebracht wurde zur Verarztung, ich meine zur Verschwesterung, redete sie in einem fort, ob wahre oder erfundene Geschichten, daran kann ich mich nicht erinnern, dafür um so mehr an die Narbe unter meinem Auge. Gestört haben mich diese Fältchen nie, nicht einmal zu den Zeiten, als dicke, schwarze Ränder die Augen der Teenager einrahmen mussten.
Ich gehörte immer dazu, ich war wie die andern.
Chantal nickte, geistesabwesend.
Entschuldigung, sagte sie, meine Gedanken sind anderswo.
Ein Referat müsse sie vorbereiten, erklärte sie, für die Vernissage eines befreundeten Künstlers. Dieser Freund sei Bildhauer, nein Bild-Bauer, er modelliere Plastiken in Lebensgrösse, Schicht um Schicht um ein Gittergeflecht, Ausgangs- und Mittelpunkt seines Schaffens sei der Mensch.
Als Chantal schon weg war, nahm ich mir vor, die Ausstellung in der Dorfgalerie zu besichtigen. Sébastian würde vielleicht mitkommen und Vergleiche anstellen. Zu Rodin oder Paul Louis Meier. Sébastian stellte immer Vergleiche an.

Langsam bevölkerte sich die Bar, sie war ein beliebter Treffpunkt nach Arbeitsschluss.
Die beiden Männer am Nebentisch verlangten Whisky, zwei-

mal, dreimal. Ihre Stimmen wurden lauter, drangen, die dezente Barmusik übertönend, zu mir herüber.
Sie redeten über wirtschaftliche Transaktionen, trotz Umwegen geglückte selbstverständlich.
Und sie sprachen über Frauen.
Vor allem über Frauen.
Das Lachen der beiden Männer war weniger dezent als ihre Massanzüge, sie soffen Whisky und gestikulierten.
Plötzlich setzte der Jüngere eine gewichtige Miene auf und begann zu prahlen, dass er eine Frau kenne, eine wunderschöne, junge wohlgeformte, sinnliche, deren grösste Sorge es sei, dass sie in ihrer Wohnung keinen Hund halten dürfe.
Und?, fragte der Ältere gespannt.
Der Jüngere legte beide Fäuste auf den Unterleib und prustete los: Und? Jetzt bekommt sie von mir ein Kind!
Die Männer grinsten, blöd und gemein.
Ich kenne auch eine Frau, setzte nun der Ältere sein Geplapper fort, diese Frau ist wunderschön, tüchtig und gescheit. Ein Kind will sie keines.
Und?, fragte der Mitspieler scheinheilig, als wäre die Pointe nicht längst schon bekannt.
Stell dir vor, blökte der Herr mit den grauen Schläfen und grinste auffällig in meine Richtung: Jetzt bekommt sie von mir – hahaha – einen Hund!

Zahlen!, rief ich unüberhörbar und streckte die Hand in die Luft. Ich wartete.
Der Ober kam nicht. Dafür entdeckte mich Chantals Vater, der nach einem freien Platz Ausschau hielt. Wir kannten uns flüchtig.
Ein Pfarrer in der Bar? Neue, moderne Seelsorge? Wenn die Schäfchen nicht zum Hirten kommen, dachte ich, muss der Hirt wohl zu den Schäfchen gehen und sie, wenn nötig, an ungewohnten Orten aufsuchen.

Der Pfarrer setzte sich zu mir. Wie ist eigentlich Ihr Vorname?, fragte er, nachdem er sich nach seiner Tochter und dem Stand der Dinge in unserem Atelier erkundigt hatte.
Meine Eltern tauften mich Céline Sarina, sagte ich.
Mein erster Vorname musste im Lärm der Bar untergegangen sein, denn der Theologe begann sogleich mit seinen Erklärungen: Sarina bedeutet kleine Sara. Vermutlich hat Gott Ihnen nicht umsonst einen biblischen Namen zuerkannt.
Ich weiss nicht, murmelte ich und legte hastig einen Geldschein unter mein Glas.

Die Wohnung war leer.
Natürlich, heute war Konferenz mit anschliessendem gemeinsamem Nachtessen für alle interessierten Lehrerinnen und Lehrer. Sébastian würde wahrscheinlich spät nach Hause kommen.
Ich hatte einen Abend für mich allein. Sollte ich lesen? In der Bibel nachschlagen, was Sara, diese offenbar kluge Frau, tatsächlich geleistet hat?
Nun, das angefangene Buch, die Geschichte der Welt in 10 $^1/_2$ Kapiteln von Julian Barnes zog mich schliesslich mehr in seinen Bann.

Das Telefon läutete. Ich schaute auf die Uhr: Zwanzig nach sechs. Wer konnte das sein?
Ja.

Gut.

Ja.

Gut.
Während ich mit einer schnellen, automatischen Bewegung den Hörer einhängte, wurde ich stutzig. Hatte ich tatsächlich

zweimal JA und GUT gesagt? Die beiden Worte mussten, fremden Brocken gleich, meinem Innern entwichen sein. Selbst wenn ich ihnen Gewalt antäte, würden sie nicht mehr zurückkehren.
Wie ich das Telefon hasste!
Mit einer Hand zerrte ich am Kabel und schmetterte den Apparat auf den Fussboden.
Ein letztes verzweifeltes Scheppern.
Ruhe.
Endlich hatte ich Ruhe vor diesem Kasten, der mir wie ein Raubtier aufgelauert war und mich mit Willkür erschreckt hatte.
Mir fiel ein, dass ich den Arzt gebeten hatte, mir das Ergebnis rasch mitzuteilen. Doch – gab es nicht Neuigkeiten, die ein vernünftiger Mensch nur im Notfall den Kabeln und Drähten zum Transport anvertraute?
Meine Seele war zutiefst verletzt.
In meiner Verzweiflung begann ich loszubrüllen: Doktor, Sie sind ein Depp, ein verfluchter Idiot! Mit einer Stimme, die keine Regung erkennen liess, haben Sie mir am Telefon gesagt, dass der Befund leider negativ sei.
Negativ.
Hätte Verdacht auf Krebs bestanden, wäre negativ positiv gewesen.
Ich war nicht krebskrank!
Ich war überhaupt nicht krank!
Ich war ...
Was war ich? Eine lächerliche Nichtsnutzin, nicht einmal zum Natürlichsten fähig!
Irgendwann an diesem Abend färbte ich mir die Haare mit Henna und holte aus dem Ayltkleidersack im Estrich das Sweatshirt mit dem Aufdruck: Je suis folle de Paris. Ich flennte. Meine Augenlider waren rosa, geschwollen, sahen im Spiegel aus wie die knospenden Brüste eines Teenagers.

Verschwommen erkannte ich Joan Baez' Stimme am Radio.
Gegen Mitternacht kam Sébastian aufgeräumt nach Hause.
Ich redete wie ein Baby, das beim Sprechenlernen Laute verdoppelt: Jaja, gutgut.
Was hast du?, fragte mein Mann. Hat der Arzt angerufen?
Ich nickte, stammelte: Negativ, hörst du, der Befund ist negativ.
Sébastian starrte auf das vor dem Cheminée liegende Telefon. Dann schien er endlich zu begreifen, ging ins Esszimmer, von wo ich sein Weinen hörte.
Nein, schluchzte er, warum gerade wir?
Von Schmerzen benommen, betrachtete ich wie eine unbeteiligte Zuschauerin meinen Mann durch die offene Tür.
Sébastian hatte in meiner Gegenwart noch nie geweint. Ich erinnerte mich an seine freudige Gerührtheit nach unserer Trauung, als er im Auto verstohlen eine Träne abgewischt hatte.
Jetzt erlaubte auch ich meiner Wut wieder aufzusteigen. Im gemeinsamen Trauern öffneten sich unsere Schleusen. Diese Traurigkeit war wie die Hitze eines mächtigen Feuers, das auf uns zukam, sie war wie die steigende Flut, die die Macht hatte, Bäume gleich Schachtelhalmen zu knicken.
Bin ich schuld?, fragte Sébastian mit starrem Blick in die Tischplatte, als wäre der zerkratzte Schiefer ein Orakel, von dem er eine schicksalsträchtige Antwort erwartete.
Schuld?
Schuld!
Wer ist schuld, wenn ein Paar kein Kind bekommt?

Als ich spät in der Nacht von unserer Umarmung aufblickte, sah ich draussen im Garten die Umrisse des Mammutbaumes. Sein unaufhörliches Wachstum war für mich ein Symbol der Veränderung. Wie oft schon hatte ich mich mit dem Rücken an seinen Stamm gelehnt und Kraft geschöpft von seiner Beständigkeit und Grösse. Bestimmt, flüsterte ich hoffnungsvoll, überlebt unser Mammutbaum mit uns den kommenden Winter, den Frost, die dunklen, kälteklirrenden Stunden. Sébastian wandte sich von mir ab. Ihn hatte von neuem der Schmerz überrollt.

Das unheimliche Ding, halb Roboter, halb Wesen aus einem fremden Planeten, rannte im Schein der Strassenlampe weg, kam zu unserer Haustür, blieb dort ruckartig stehen, öffnete die Kängurutasche über der Bauchwölbung und entnahm ihr einen verbeulten Blechkübel. Mit genüsslicher Langsamkeit schmierten die Skelettfinger zähflüssig-rötliche Farbe auf unser Nummernschild.
Blut, schoss es mir durch den Kopf, Blut hat in meiner Kindheit so gerochen, Blut von geschlachteten Schweinen.
Blut an unserer Haustür?
Ich musste weg, solange ich nicht kotzte und meine Augen noch sahen.
In der Morgendämmerung irrte ich durch endlos lange Wohnstrassen. Auch da, immer wieder Blut, verschmierte Türfallen, Blutspritzer an den Hausnummern.
Meine Körperachse wurde steif, als der Fremdplanetige mit dem Kängurusack wieder vor mir stand. Hätte ich doch meine Ohren mit Militärschutzpfropfen zustopfen können und das geifernde Lachen nicht anhören müssen und die Auflistung der mir bekannten Namen, die sein Hirn wie ein Computer zu speichern in der Lage war:
die Meiers von der Winigerstrasse
Christiane und Ivan
der Herr Stadtpräsident und seine Frau
Sophia, die Bäuerin, und Viktor, ihr Mann
Herr und Frau Doktor Weismann
die Grafikerin und der Lehrer …
Aufhören, du sollst aufhören!
Ich schrie mit kraftlos gequälter Stimme.

Der Wecker zeigte vier Uhr früh. Meine Stirne war nass, die Haare klebrig, die Bettdecke zerwühlt.
Ich rüttelte an Sébastians Schulter.
Sébastian! Sébastian! Der Würgengel ging um! Er zeichnete jedes zehnte Paar mit einem Brandmal.
Das Brandmal bedeutet: Ihr seid die letzten eures Geschlechtes. Sébastian, in meinem Traum war es wie im Spiel mit dem Plumpsack, bei dem wir als Kinder im Kreis standen und eines von uns herumrannte, bis es Lust hatte, das rote Tuch, schnell und unauffällig, hinter den Rücken eines Mitspielers zu werfen, um dann, ohne sich umzusehen, weiterzurennen, während wir Wartenden laut und ungeduldig sangen: Luegid nöd ume, de füürig Lumpesack gaht ume, luegid nöd ume …
Unzusammenhängend und fassungslos redete ich drauflos. Sébastian drückte mich an sich und murmelte im Halbschlaf, dass er zu müde sei zum Reden und dass morgen …
Mir gelang es nicht, den Traum zu verjagen.
Beim Wachliegen wurden die hauchdünnen Baumwollvorhänge vor den Fenstern zu Nebelschwaden, die mich ins Nichts verirren liessen.

2.

Der folgende Tag war scheusslich lang und voller Beschwerden.
Tief in meinem Innern hockte der Traum, das irre Lachen des Ausserirdischen.
Die Arbeit im Büro erschien mir fad, langweilig, ungesund.
Als es endlich Abend wurde, fürchtete ich mich vor dem Schlaf. Ich bestürmte Sébastian, mit mir ins Theater zu gehen.
Auch am zweiten Abend rührten wir die Wunde nicht an. Wir verplauderten die Dämmerung, die aufkommende Nacht, sprachen über die Lebensmittelknappheit in Polen, vom Eisregen und dem verfrühten Kälteeinbruch in Nordamerika, wo die Milch gefror auf dem Weg in die Molkerei und Eis statt Wasser in den Schläuchen war.
Es waren Tagesinformationen, die wir einander weitergaben. Seit Sébastian und ich zusammenlebten, brauchten wir das allabendliche Hin- und Herspiel, um miteinander wieder vertraut zu werden, um uns zueinander vorzutasten. Elf Stunden waren wir getrennt pro Tag, jeder lebte in einer andern Welt und jeder hätte sich nur schwer vorstellen können, dass die Welt des andern seine eigene gewesen wäre.

Am dritten Abend fuhren wir weg, schlüpften in die Badehosen, labten unsere Körper im warmen Sprudel und sahen sie im Nebel auf- und untertauchen, die weissrot, weissschwarz und blumenmusterigen Badekappenköpfe, die ausschauten wie künstliche Frösche im Wasser und am Bassinrand.
Wir vergnügten uns, hielten einander fest, planschten, schwammen, tauchten, lachten leise.
Sébastian verliess das Bad in Richtung Liegehalle. Ich schwamm vor und zurück, schwamm, wie ich als Kind im Traum geschwommen war, als ich noch nicht schwimmen konnte, schwerelos und ohne Anstrengung.

Die Dämpfe des Thermalbades betteten mich ein in die Vergangenheit, sie liessen meine Sorgen zu den Vorfahren legen, die sich hier gestärkt hatten, im warmen, schwefelhaltigen Wasser, das floss seit eh und je.
Die knorrige Riesin neben dem Schwefelbad war eine Ulme mit einem, wie mir schien, weichen, hörenden, sehenden Kern.
Ich fragte die alte Dame: Wie waren die Römerinnen, Ulme? Was haben dir deine Ahninnen von diesen Frauen erzählt?
Die Antwort kam aus dem Nebel, aus den Dämpfen.
Ich tauchte ein.

Aloe Vera, sagte die Kosmetikerin und trug die Maske auf, Aloe Vera ist aus dem Saft der Aloe, reines Naturprodukt, tut gut, weil der Mensch eigentlich auch ein Naturprodukt ist.
Meine Haut zog sich zusammen, ich spürte ein Pochen im rechten Mundwinkel, den Puls zwischen Nase und Mund.
Halb lachend, halb ernst plauderte die Dame über meinem Gesicht weiter. Das mit der Natur sei vielleicht in Zukunft passé und heutige Sciencefictionfilme die Realität.
Mein Puls zwischen Nase und Mund klopfte. Menschen-Mache wie in Sciencefictionfilmen? Ich begann zu frösteln.
Die Kosmetikerin plauderte über neue Salben und Cremes und kam dann auf ihre Kinder zu sprechen, die sie Sprösslinge nannte.
Sprösslinge?
Beim Liegen hatte ich Zeit, mir bildlich vorzustellen, wie unser Baum ohne Sprossen und ohne Äste war und wie im Gedicht vom Lattenzaun, kahl und öd und leer und scheusslich anzuschau'n.
Unversehens stieg mir eine heisse Schamröte ins Gesicht und ich fürchtete, sie könnte meine Maske sprengen oder sie zumindest verfärben.
Während die Kosmetikerin meine Gesichtsmaske mit Watte und lauwarmem Wasser entfernte und, endlich schweigend,

mich lange und gekonnt zu massieren begann, stieg das Bild vom Baum und den Sprösslingen wieder in mir auf.
Vielleicht sollten Sébastian und ich uns Äste aufpropfen lassen?

Die Arbeitstage flossen dahin, träg und bedeutungslos. Desgleichen die Abende, die Feierabende. Zu feiern gab es nichts, die Lust auf Aufregendes war dahin. Sollen wir einen Fernsehapparat mieten?, fragte Sébastian. Ich zuckte die Schultern. Meine Trauer machte mich stumpf.
Aus Langeweile oder aus Furcht vor heiklen Gesprächen verbrachten wir schliesslich ein Wochenende vor dem Flimmerkasten, wir assen und tranken vor der Kiste, schliefen ein, dösten, zappten weiter.
Zu später Nachtstunde wurde auf einem amerikanischen Sender ein Film ausgestrahlt mit dem Titel And Baby makes six. Es war die Geschichte einer 46-jährigen Frau, angeblich jenseits des Zyklus, in Erwartung mit dem vierten Kind. Die älteste Tochter, verheiratet mit einem Gynäkologen, wünschte selber keine Kinder. Alle, ausser dem jüngsten Sohn, waren für die Abtreibung. Die mehrfache Mutter selber wollte das Kind, als, wie sie sagte, Chance, die sich ihr nie mehr biete. Der Mann konnte seine Frau nicht verstehen und drohte sie zu verlassen. Als aber das Kind dann geboren wurde, jubelten alle, auch der 50-jährige Vater.

Sébastian stand auf, holte eine Zigarette und sprach, mehr zu sich selbst als zu mir: Es tut schrecklich weh, nicht wählen zu können. Das Leben ist ungerecht!
Ich nickte und spürte wieder diesen Kloss im Hals, der mir in letzter Zeit das Sprechen erschwerte.
Die Natur hat anderes mit uns vor, redeten wir uns ein. Wir trösteten uns gegenseitig, aber es war ein Trost, dem der Glaube fehlte.

Das Fernsehen war unsere Sache nicht.
Eines Abends, als Sébastian in eine Zeitschrift vertieft war, hörte ich, wie er während des Lesens seufzte. Ich erkundigte mich nach dem Grund seiner Besorgnis.
Ach, murmelte mein Mann, wir haben bald Zustände wie bei den Wespen.
Warum?, fragte ich ahnungslos.
Sébastian erzählte lange und ausführlich vom Leben der Wespen und liess auch die Tatsache nicht aus, dass bei diesen Insekten alle Arbeiterinnen pausenlos damit beschäftigt seien, jene Larven zu versorgen, die aus den Eiern schlüpfen. Sébastians Erklärungen endeten mit dem Satz: Fruchtbar ist bei den Wespen nur eine, und das ist die Königin.
Ich war sehr verletzt. Voller Bitternis sagte ich: Sébastian, ich bin keine Königin!
Ich verzog mich in mein Arbeitszimmer. Bevor ich die Türe hinter mir schloss, drehte ich mich um und heulte auf wie ein arg verwundetes Tier: Sébastian, ich bin eine Arbeiterin, königliche Gefühle stehen mir nicht zu.

Ich begann regelrecht zu leiden unter meiner Kinderlosigkeit.
Sie war wie eine Krankheit, eine Mangelkrankheit. Céline, Kinderlosigkeit ist keine Krankheit, sondern eine eigenständige Erfahrung, belehrte mich mein Mann.
Sébastian hatte gut reden. Für einmal verglich er sich nicht mit seinen Kollegen im Schulhaus, nicht mit unsern Nachbarn und nicht mit seinen Freunden.
Mich hingegen überfiel eine nie zuvor gekannte Eigenart: Andauernd verglich ich mich mit andern Frauen.
Bin ich anders?, fragte ich mich hundertmal am Tag. Anders als meine Mutter, anders als die Freundinnen, anders auch als meine Schwester?
Isa, meine Schwester, bekannte Farbe, zumindest äusserlich. Bronzene Haut, Sommer und Winter, und keine Kleider von

der vorigen Saison. Unmittelbar nachdem die Modediktatoren in Rom, New York oder Paris vorschlugen, dass frau Rot trägt im Kontrast mit Schwarz oder Karo oder Mini oder Pluderhosen, Hut, Mèches, indische Sandalen oder farbige Schuhe, unterwarf sich Isa, gern und mit Würde, so, als wäre sie Tag und Nacht von Modedesignern umschwärmt, die das Kunststück vollbrachten, für die sportliche Frau Kleider zu entwerfen, die die körperlichen Vorzüge Isas unterstrichen und die Mängel geschickt cachierten.

Die Mode erlaubte Isa, ein Chamäleon zu sein.

Nach der Matura hatte Isa begonnen, mit ihrem Freund zusammen Archäologie zu studieren. Als nach drei Semestern die Beziehung in einer Sackgasse landete, war ihr auch die Universität zuwider.

Frischfröhlich trampte Isa mit ihrem Zwillingsbruder in der Welt herum, verdiente ihr Geld als Reiseleiterin, um mit 27 die Buchhändlerinnenlehre in einem Provinzstädtchen zu absolvieren.

Die weiteren Stationen folgten Schlag auf Schlag: Lektoratsarbeit, Heirat, Geschäftsfrau.

Gottlob bin ich rechtzeitig schwanger geworden, erzählte mir Isa freimütig, weisst du, diese Eifersüchteleien in unserem Geschäft. Gegen Ende der Schwangerschaft konnte ich mich zurückziehen und stand wegen meiner Mutterschaft erst noch im Mittelpunkt. Bewusst für Kinder entschieden? Nein, Igor kam einfach. Ich glaube, wir hätten uns ausserstande gefühlt zu wählen.

Eigentlich mochte ich Kinder schon immer, fügte Isa hinzu. Ich hatte stets ein Herz für sie. Die einzige Emanzipation der Frau ist schliesslich der Mut, zu ihren Gefühlen zu stehen, findest du nicht?

Meine Gefühle sind woanders, meinte ich kleinlaut.

Isa lachte: Meine Schwester, die Karrierefrau!

In meinen Augen gab es plötzlich zwei Kategorien von Frauen: jene mit Kindern und jene ohne Kinder. Von der zweiten Kategorie kannte ich wenige.

Eigenartigerweise fiel mir bei den kinderlosen Frauen immer zuerst Nini ein, die lange Jahre in einem Gebirgsdorf gelebt hatte und die ich von den Erzählungen meiner Mutter her kannte. Fürs Brot in jenem Dorf waren Ninis Brüder zuständig, Vic für das dunkel-alltägliche, Albi für das heilig-weiche. Beide, der Bäcker wie der Pfarrer, nahmen ihre Schwester nicht ernst. Obwohl verheiratet und dem Kindesalter entwachsen – in den Augen der Brüder blieb Nini das Dienstmädchen, das nach jedem Herzjesufreitagsgottesdienst die Holzdecken in Pfarrhaus und Backstube mit Leiter und Stuhl von Fliegendreck befreite.

Im Pfarrhaus bei Albi wohnte noch Erna, die Jüngste, doch diese zählte nicht. Erna war ohne Mann und genoss die Freiheit der Närrinnen, seit sie sich am Tag ihrer Erstkommunion in der Kirche neben die Statue der heiligen Wilma gestellt, sich für gleich gross befunden und seither ihren Zellen zu wachsen verboten hatte.

Nini war weder zwergwüchsig noch Riesin und auch ihre Fähigkeiten zum Braterdäpfelkochen, Gartenbeetausrichten und Hemdenkragenbügeln hielten die Brüder für mässig.

Der Ehemann von Nini war Handelsreisender und stets während Wochen unterwegs. Als seine Frau kein Kind bekam, erschien er noch seltener zu Hause. An Sonn- und Feiertagen gab er im Tal einer Wirtshaustüre nach der andern die Hand. Die Klatschmänner der Nachbarweiler und -dörfer munkelten über Nini hinter vorgehaltener Hand.

Wie gesagt, in den Augen der ledigen Brüder blieb Nini das Mädchen und nur sie, die Männer, waren richtige Männer, obwohl sie ihre Geliebten nicht Geliebte nannten, sondern Damen, mit denen sie in der ehrwürdigen Studierstube die Bibel lasen und die bei der bäckerschen Buchhaltung halfen.

Im Fliedermonat Mai, als die angeblichen Schriftlesungen und Rechnungsabschlüsse immer schwieriger wurden und Nächte über dauerten, passierte es eines Morgens. Beim Geburtstagsfrühstück für Vic im trauten Geschwisterkreis lag neben dem Dreieinhalbminutenei ausgedientes, längliches Gummizeug auf den Tellern der Brüder. Das eine hatte Nini beim Saubermachen unter Vics Bett gefunden und das andere in Albis Wohnung aus dem geblümten Badezimmerabfallkübel gefischt, und nun, geräucherten Bratwürsten gleich, sorgsam auf den Tisch gebracht.

Als sich die Brüder mit Erna in Geburtstagsstimmung niederliessen, fing Nini, die Mittelmässige, Schüchterne, Brave, plötzlich an zu toben und zu schreien, man solle endlich aufhören, sie wegen ihrer Kinderlosigkeit nicht für voll zu nehmen, sie könne nichts dafür, wenn sie keine Kinder bekomme, und Vic und Albi sollten sich gefälligst um ihre eigenen Angelegenheiten kümmern, wo die Brüder doch ein unmoralisches Leben führten. Nini machte ihren Brüdern die Hölle heiss und das Fegefeuer dazu. Während ihre Wangen im heiligen Zorn sich dunkler verfärbten, erbleichte Albi, und Vic versteckte sein Gesicht hinterm Backstubenstaub.

Erna schluchzte leise, der Pfarrer und der Bäcker hingegen erholten sich rasch, sie stellten Nini zur Rede, warfen ihr Dumm-, Faul- und Frechheit vor und jagten sie dann, ohne Brot und Bibel, aus dem Hause fort.

Nini stieg, so rasch ihre Füsse sie trugen, auf den nächstgelegenen Berg, wo der Frühling sich regte. Dort sah sie blaue Bänder durch die Lüfte flattern, sie hörte die Veilchen träumen und aus der Ferne einen leisen Harfenton, und sie sehnte ihn herbei, ihren ersten Freund, der ihr einst den hellgrünen Band mit Gedichten geschenkt.

Nie, nie, schwor Nini sich in diesem Augenblick, vom Maienberg ins Dorf hinüberblickend, nie, nie kehre ich als Dienstmädchen zurück.

Was ist aus Nini geworden?, fragte Sébastian.
Von Mama wusste ich, dass die Frau für die damalige Zeit ungeheuer mutig gewesen war: Nini liess sich wegen ihrer Kinderlosigkeit nicht mehr verhöhnen, verlangte die Scheidung, zog in den Westen und lebte später mit einem Witwer zusammen, dessen Tochter sie eine fürsorgliche Mutter wurde.

Chantal und ich hatten beruflich in Dänemark zu tun.
Hier würde ich wohnen, wenn ich Kinder hätte, meinte Chantal.
Diese Aussage meiner Mitarbeiterin überraschte mich, weil ich wusste, dass Chantal eine Verfechterin der freiwilligen Kinderlosigkeit war.
Hatte Chantal ihre Meinung geändert?
Wie um mir selber Schmerzen zuzufügen, achtete ich in den nächsten Tagen bewusst auf die Kinderfreundlichkeit in diesem Land. Ich sah die Ostsee, fast ohne Gezeiten, die breiten Sandstrände, ungefährlich für Kinder, ich besuchte das Lego-Land, wo aus Millionen von Bausteinen kleine Dörfer, Miniaturstädte und Tierparks entstanden waren, ich stellte fest, dass an jeder Tankstelle Fahrräder für Kinder gemietet werden konnten, in den Restaurants servierte man unterschiedliche Kindermenüs.
Selbst im Ferienhaus, das Chantal und ich für die Dauer unseres Werbeauftrages bewohnten, hatten die Vermieter daran gedacht, dass auch Kinder dabei sein könnten. Warum sonst hätte ich im Zimmer mit dem Kajütenbett einen Schrank voller Bilderbücher, Farbstifte, Kinderkochgeschirr, Würfelspiele, kleine und grosse Bälle gefunden?

Als wir unsern Werbeauftrag erfolgreich beendet hatten, fuhr Chantal mit der Eisenbahn nach Hause. Ich ruhte mich aus, machte mich schön und erwartete Sébastian, meinen Geliebten.

Welch ein Wieder-Sehen
Wieder-Fühlen
Wieder-Riechen
Wieder-Tasten
Wieder-Lieben.
Das Kribbeln, das unsere Körper ergriff, irgendwo begann, in Wellenhochschlagen überging, sich allüberall ausbreitete und nicht ruhte, bis sich mit einem Schrei Körper und Seelen verbanden.
Das Glück, die das All umfassende Zufriedenheit, wenn wir vom Schwebedasein wieder in den Tag zurückkehrten, der nicht All-Tag sein konnte.
Am frühen Morgen war das Wasser an unserm Strand ruhig, sanft kräuselten die Wellen. Unsere Liebe machte uns trunken, die Nüchternheit danach endete im Rausch.
Vergessen waren die belastenden Monate, wo die morgendliche Aufwachtemperatur, der Eisprung das Sagen hatten. Als sich damals keine Schwangerschaft hatte einstellen wollen, hing zum erstenmal die Frage in der Luft: Bist du schuld? Oder etwa du? Schliesslich musste doch jemand schuld sein.
Das war Gift für die Liebe. Mittendrin schaltete sich zuweilen der Kopf ein und ich vermeinte die Stimme der Mutter zu hören: Vermehret euch wie Sand am Meer! Diese Mahnung, der Bibel entnommen, soll der Dorfpfarrer meinen Eltern bei der Hochzeit mit auf den Weg gegeben haben.

Wir lagen bäuchlings am einsamen Strand. Unsere Hüften berührten sich. Schau, sagte ich zu Sébastian, dort nähert sich ein Pedalo!
Im Tretboot sass ein Mädchen in weissen Pluderhosen und einer Jacke mit einem abgrundtiefen Ausschnitt. Nun entdeckten wir auch den jungen Mann, der vom nahen Ufer aus das Mädchen fotografierte. Wie an einer Modeschau zog die dunkelhaarige Frau langsam und genüsslich Hose und Jacke

aus. Ein blauweisser, knapper Bikini kam zum Vorschein. Der junge, braungebrannte Mann, dessen einziges Kleidungsstück hautenge, blaue Radlerhosen waren, knipste unentwegt. Dann hängte er den Apparat vorsichtig an das Schild Baden verboten und rannte durch das wenig tiefe Wasser zu ihr. Sie umarmten einander und lachten in den Fotoapparat. Der Selbstauslöser klickte.

Übermütig wie Kinder nach einem gelungenen Streich sprang das junge Paar ins rauchblaue Wasser, sie tauchten unter, tauchten auf, schwammen und riefen einander Worte zu, die sie zum Lachen brachten.

Als Sébastian und ich später dem Ufer entlang spazierten, sahen wir, wie das junge Paar ins Pedalo stieg. Die Frau zog sich an: Weisse Pluderhosen, weisse Jacke. Der junge Mann betrachtete sie lange und mit Wohlgefallen, dann küsste er sie. Sie legte zärtlich ihren Arm um seine nackten Schultern, während sie zu ihrem Bungalow schlenderten.

Vielleicht wünschte sich dieses Paar später ein Kind?

Ich erzählte Sébastian, wie ich als junges Mädchen einmal nachts durch die Quartierstrassen unserer Stadt spaziert war und neugierig in die hell erleuchteten Stuben und Zimmer schaute. Die angezündeten Lampen, Leuchter und Kerzen hinter den Fensterscheiben waren für mich ein Zeichen, dass in der Helle und Wärme das Glück wohnen musste.

Ich ging damals eilends heim und schrieb schwärmerisch auf ein farbiges Zeichenpapier:

Heute habe ich das Glück gesehen. Einmal wird es auch bei mir einkehren: Ich werde Ehefrau und Mutter sein!

Meine Mutter, die fröhliche, reiselustige, vor Gesundheit strotzende, rief mich zu sich. Sie war krank und müde.

Sterbensmüde.

An ihrem Krankenbett sitzend, meine Hand in der ihren, ver-

traute Mama mir an, dass ich, die Jüngste, ihr liebstes Kind gewesen sei und dass sie erst gehen möchte, wenn sie wisse, wie meine Zukunft aussehe.
Ich erschrak.
Musste meine Mutter sterben?
Verwirrt zog ich meine Hand zurück. Flüsternd fragte ich: Meine Zukunft, Mama? Sébastian und ich lieben uns, ich habe einen guten Beruf und ...
Ja, schon, hauchte Mama mit dünner Stimme, atmete schwer und versank in einen todesähnlichen Schlaf.
Ahnte meine Mutter, dass mein Lebensentwurf sich von dem ihren in einem wesentlichen Punkt unterschied?

Inmitten meines Schmerzes, der unendlichen, namenlosen Traurigkeit, hatte ich nur den einen Wunsch: So wie meine Mutter, so möchte auch ich von dieser Welt gehen.
Mama schien versöhnt, versöhnt mit sich, versöhnt mit der Familie, versöhnt mit der Umwelt.

Die Zeit des Abschieds war gekommen.
Mutters langjährige, vertraute Freundin und unsere Familie, wir alle versammelten uns schweigend oder leise betend im Sterbezimmer, dessen eines Fenster weit geöffnet war.
Mit blutendem Herzen stand ich an jenem Platz, wo ich wahrscheinlich gezeugt und schliesslich vor mehr als dreissig Jahren geboren worden war. Ich stand in jenem Zimmer, wohin ich mich als Kind geflüchtet hatte, wenn in den Sommernächten die Donner grollten. Mutter lag im Ehebett, wo auch ich hatte liegen dürfen, um die Masern, den Mumps, die Röteln und das Fieber durchzustehen.

Jetzt war ihre Stunde gekommen.
Mutter wollte gehen.
Sie ging.

Alle verliessen das Zimmer.
Ich blieb.
Allein.
Scheu fuhr ich über Mutters erkaltete Finger.
Ihre Seele war noch da und verstand mein Geheimnis.

Eine schwarze Stola umgebunden, trat der Pfarrer aus der Sakristei. Er schritt zum Altar, warf einen kurzen Blick auf die Menschen in den vordersten Reihen, öffnete das mitgebrachte Buch. Konnte er den Text, schon hundertmal gesagt, nicht auswendig?
Es hat Gott dem Allmächtigen gefallen, von diesem zeitlichen in das ewige Leben abzuberufen ..., der Name meiner Mutter folgte, merkwürdig fremd.
Mir wurde schwindlig.
Allmählich vermischte sich die Stimme des Pfarrers mit dem Rauschen in meinen Ohren.
Ich lehnte mich an Sébastian.
An den Kirchenwänden begannen die Kerzen zu flackern.
Bald wurden sie zu Kobolden,
regenbogenfarbigen Hünen,
dickleibigen Zittergreisen.
Die Statue des Sautonis, wie der heilige Antonius in dieser Gegend genannt wird, tanzte auf dem Besen.
Wenn Kinder sterben, dachte ich, wenn Alte sterben, wenn Junge, Gesunde sterben, wenn meine Mutter stirbt, immer heisst es: Es hat Gott dem Allmächtigen gefallen.
Was, Gott, gefällt dir?
Kalter Schweiss trat aus meinen Poren.
Mutter!
Was sollte dieses Wort?
Meine Mutter war tot. Und ich konnte nie Mutter werden.
Aus Rache tötete ich das Wort in meinem Kopf.

3.

In der Tasche lag das Tagebuch von Max Frisch. Kaum im Bummelzug, begann ich zu lesen wie ein ausgedürstetes Dromedar. Wahrscheinlich bewegte ich beim Lesen die Lippen, die Zunge, den Mund.
Hätte ein Mitreisender die Stelle aus dem Buch gekannt und mich gefragt: Möchten Sie lieber gestorben sein oder noch eine Zeitlang leben als Tier?, ich hätte mich für das Tier entschieden. Ich hätte geschwankt zwischen einem Raubvogel in den heimischen Bergen und einem Tiger, der genüsslich Dschungelpflanzen zertritt und dabei den betörenden Duft von Essenzen seinen Rachen hinunterfliessen lässt.

Als wir ins Dorf kamen, wo das Silo der Schokoladenfabrik die Kirchturmspitze um Manneshöhe überragt, verliess ich den Zug und stieg ins wartende Postauto. Der Fahrer nickte zum Gruss, stellte die Fahrkarte aus und blätterte weiter in der neuesten Bildzeitung, gelangweilt, als wären die Sex- und Crimefiguren dieselben wie schon Wochen zuvor.
Nach der ersten Haarnadelkurve legte ich die Hand auf den quengeligen Bauch. Gedämpft nahmen meine Augen das Bergpanorama wahr.
Plötzlich waren jene Worte wieder da, die ich dem Arzt am Telefon gesagt hatte: JA und GUT.
Nein, nichts konnte ich bejahen, nichts war gut, heute so wenig wie damals, als ich von der schlechten Nachricht hinterrücks überfallen worden war. Warum tauchten diese beiden Wörter heute in riesengrossen Lettern vor mir auf? Weshalb wurden die Buchstaben abwechslungsweise in die Höhe und in die Breite gezerrt? Ich konnte die Augen geschlossen oder offen halten, das JA und GUT verfolgte mich. Die Wörter fuhren im Postauto neben mir her. Als das Auto hielt, kamen auch sie als Transparent über dem Pilatus zur Ruhe.

Mitten im verträumten Dorf stiess ich auf die Anzeigetafel: Hotel Matt, Haus der Mütter.
Haus der Mütter? Davon hatte im Telefonbuch nichts gestanden oder ich hatte es übersehen. Sollte ich umkehren?
Ich stellte meine Reisetasche neben den verrosteten Pfosten der Anzeigetafel, atmete tief durch und beschloss, der ersten aufsteigenden Regung nachzugeben.
Das Gefühl lockte mich in die Höhle des Löwen.

Im Haus der Mütter ging ich geradewegs auf das Zimmer, das mir zugewiesen wurde, ich öffnete die Balkontüre, legte mich aufs Bett, machte die Balkontür wieder zu, setzte mich mit der Hausordnung im Plastikumschlag an den Tisch und las, dass die Betten durch die Gäste selber besorgt werden müssten und dass man während der Heizperiode nur kurz lüften solle.
Auf dem Weg von der Eingangshalle zu meinem Zimmer im dritten Stock war ich in der Leseecke ein paar plaudernden Frauen, aber keinem einzigen männlichen Wesen begegnet.
Unschlüssig nahm ich wieder die Hausordnung zur Hand und erwog, das Wort Gast durch Gästin zu ersetzen, was mir Spass gemacht hätte, klang es doch so wundervoll exotisch wie Rättin oder Päpstin.
Draussen schlichen Nebelschwaden. Das JA und GUT über dem Pilatus war verschwunden.

Das Haus der Mütter war ein christliches Haus. Auf der Kunstharzplatte lag eine rote Bibel.
Ich erinnerte mich an den griechischen Heiler Deskalos, der gesagt haben soll, dass es auf der Suche nach Wahrheit zwei Bücher gäbe, das eine sei die Bibel und das andere das Buch des eigenen Lebens. Obwohl die vor mir liegende Bibel als Fingerzeig hätte aufgefasst werden können, setzte ich meine Hoffnung auf das Buch meines Lebens, das journal intime, wie Sébastian es nannte.

Ich muss gedöst haben. Das Telefon, das verhasste, hatte mich geweckt.
Bei einem weiteren Läuten stand ich ruckartig auf und stiess den Stuhl so weit nach hinten, dass das rote Kissen zu Boden fiel. Wo hast du dich versteckt, elender Hund, zischte ich, meinen Kopf in alle Richtungen des Zimmers drehend, in dem für gewöhnlich müde Mütter ihre Herzen und Glieder ausruhen. Als ich den Telefonapparat endlich hinter dem grauen Vorhang entdeckte, hörte ich die fordernden Töne noch ein einziges Mal. Sie höhnten vom Nachbarinnenzimmer. Bei mir herrschte Stille.
Müdmütterzimmerstille.

Die Nebel vor meinem Fenster waren zur Seite gerückt. Der Berg verharrte in seiner Taubheit aus Stein.
Ich war nur an einer Frage interessiert. Ich stellte sie mir hundertmal: Sollen die Ärzte bei uns Hand anlegen? Es wäre den Versuch wert, hatten sie gesagt. Sie müssten bloss
auspflanzen,
umpflanzen,
einpflanzen,
und wie die Wörter alle hiessen.
Täten die Herren Professoren gutes Handwerk und machten unsere Körper mit, würde ich eines Tages Mutter sein und zu Recht in diesem gediegenen Zimmer ausruhen dürfen. Ich hätte nicht Alpträume, wenn das Telefon klingelte, sondern würde mich freuen, weil vielleicht meine Kinder anriefen und sagten, dass sie mich vermissten und dass sie das Leben ohne mich nicht meisterten. Die Wirklichkeit sah anders aus: Ich meisterte mein Leben ohne Kinder nicht!

Vom Flur ertönte erst ein Gong, dann eine sanfte Lautsprecherstimme: Liebe Gäste, das Mittagessen im Speisesaal ist bereit! Ich legte meinen Zimmerschlüssel auf die Bibel. Wäre Sé-

bastian da gewesen, hätte er wahrscheinlich gewitzelt: C'est la clef du livre, der Schlüssel zum Buch.
Im Speisesaal gab es erst Suppe, dann in Pfannkuchenteig gebackene Sojasprossen. Frühlingsrollen im Herbst, lachte meine Tischnachbarin. Ich wollte nicht schwatzen, verzog bloss die Mundwinkel. Ich bin schon über eine Woche hier, begann mein Gegenüber wieder, ich heisse Genoveva, Geneviève auf Französisch, oder wenn Sie es lieber mögen, Jennifer auf Englisch. Ich nickte bloss und dachte: Bitte, seien Sie ruhig! Schweigen ist in allen Sprachen gleich.

Nach dem Essen hatte ich keine Lust, auf mein Zimmer zurückzugehen. Ich wandelte ziellos im Mütterhaus umher, bis ich mich in der Kapelle wiederfand. Im mystisch abgedunkelten Raum kam der Gedanke an das Wiederleben nach dem Tod: Lebte ich vielleicht jetzt mein zweites, mein drittes Leben?
Ich verscheuchte die Gedanken. Ich wollte ausspannen. Fragen waren ärgerlich.
Nur – jetzt gab es keine wichtigen Arbeiten, Zeitmangel, das sonst gebräuchliche Argument, zählte nicht.
Im Zusammenhang mit der Wiedergeburt kam mir Plato in den Sinn, der gesagt hatte, dass in ihrem zweiten Leben leichtsinnige Männer zu Vögeln, unvernünftige zu Fischen und schlechte Männer zu Frauen würden. Sollte dies nach damaligem Verständnis etwa heissen, dass ein Mann ein Leben lang lügen und betrügen, Feuer legen und vergewaltigen konnte, um dann zur Strafe als Frau wiedergeboren zu werden?

Im Schriftenstand der Kapelle fand ich ein apostolisches Schreiben von Papst Johannes II zum Thema Ehe im Plan Gottes. Da stand geschrieben, dass die Ehe auf Zeugung und Erziehung von Kindern hingeordnet sei und darin ihre Krönung finde.

Ich erinnerte mich an die Wespen und ihre Königinnen.
Auch wenn es weiter unten im Text hiess, dass das eheliche Leben seinen Wert nicht verliere, wenn die Zeugung neuen Lebens nicht möglich sei, fragte ich mich, ob die Kirche die Sorgen der vielen hundert Paare teilte, die in der Nähe einer osteuropäischen Giftmülldeponie lebten und die alle vergebens auf Kinder hofften.

Wusste man in Rom, dass im Norden von Zaire fast die Hälfte aller Frauen über fünfzig nie ein Kind geboren hat? Dort betreiben viele Stämme Geburtenkontrolle, indem sie laut Tradition bis zu drei Jahren nach der Geburt eines Kindes sexuell enthaltsam leben.

Weil viele Männer diese Enthaltsamkeit nicht in Kauf nehmen wollen, ermuntert dieselbe Tradition sie zu Seitensprüngen und zum Besuch von Prostituierten. Dies führt zu einer verstärkten Verbreitung von Geschlechtskrankheiten, die bei Frauen Unfruchtbarkeit verursachen kann.

Die Meinung des Papstes, des kirchlichen Lehramtes bezüglich des Zwecks der Ehe kannte ich nun. Was aber stand in der Bibel?
Meine Neugierde für das Heilige Buch war auf einmal wach. Lange blätterte ich im Alten Testament, das in der Mütterkapelle auflag.
Ich kam aus dem Staunen nicht heraus. Ich stiess auf eine Stelle, wo von zweckfreier Sexualität die Rede war: «Wenn ein Mann eine neue Frau genommen hat, so braucht er keine Heeresfolge zu leisten noch sonstige Verpflichtungen zu übernehmen. Ein Jahr lang soll er frei sein, damit er seine Frau, die er genommen hat, erfreue.»
Keine Rede war da von Kindern. Im Vordergrund stand die Freude, die Freude aneinander, die Freude an der sexuellen Gemeinschaft und nicht zuletzt die Freude der Frau.

Im Alten Testament begegnete ich Peninna und Hanna, zwei Frauen mit wohlklingenden Namen, die ich gern gekannt hätte. Ungefähr 1000 v. Chr., so las ich, lebte unter den Leuten von Ramatajim ein Mann namens Elkana. Er hatte zwei Frauen; die eine hiess Hanna, die andere Peninna. Peninna hatte Kinder, Hanna nicht. Elkana zog alljährlich aus seiner Ortschaft hinauf, um Gott in Silo zu huldigen und zu opfern. Wenn Elkana opferte, gab er seiner Frau Peninna und all ihren Söhnen und Töchtern Speiseanteile. Hanna gab er nur einen, aber einen ganz persönlichen, denn er liebte Hanna. Ihre Gegenspielerin kränkte sie bitterlich, um sie zu demütigen, weil der Herr ihren Mutterschoss verschlossen hatte.

So geschah es alljährlich: Sooft Elkana in das Haus des Herrn ging, wurde Hanna von Peninna gekränkt. Hanna weinte und wollte nicht mehr essen. Elkana, ihr Mann, sprach zu ihr: Hanna, warum weinst du? Weshalb willst du nicht essen? Warum ist dein Herz so traurig? Bin ich dir nicht viel mehr wert als zehn Söhne?

Hanna stand auf, nachdem man das Opferfleisch gegessen hatte, und trat vor den Herrn. Der Priester Eli sass auf einem Stuhl am Pfosten des Tempels.

Mit Kummer im Herzen betete Hanna zum Herrn und weinte bitterlich. Sie tat ein Gelübde und sprach: Herr, wenn du das Elend deiner Magd ansiehst, meiner gedenkst, deine Magd nicht vergissest und deiner Magd einen Sohn schenkst, so will ich ihn dem Herrn weihen sein Leben lang.

Lange Zeit betete sie vor dem Herrn. Eli aber beobachtete ihren Mund. Hanna redete nämlich in ihrem Herzen, nur ihre Lippen bewegten sich, ihre Stimme hörte man nicht. Eli meinte deshalb, sie wäre berauscht. Er sprach zu ihr: Wie lange willst du dich noch wie eine Betrunkene benehmen? Schaff' deinen Weinrausch von dir. Hanna entgegnete: Nicht doch, Herr, ich bin ein hartgeprüftes Weib. Wein und starkes Getränk habe ich nicht getrunken. Ich schütte mein Herz aus vor

dem Herrn. Halte deine Magd doch nicht für ein liederliches Weib; denn aus der Schwere meines Kummers und meiner Verbitterung habe ich geredet. Eli antwortete: Gehe hin im Frieden. Der Gott Israels gewähre dir deine Bitte, die du an ihn gestellt hast. Hanna sprach: Möge doch deine Magd Gunst in deinen Augen finden. Da ging die Frau ihres Weges, ass, und ihr Antlitz war nicht mehr so traurig.
In der Frühe des andern Morgens huldigte sie vor dem Herrn, dann kehrten sie zurück und kamen in ihr Haus. Elkana hatte Verkehr mit Hanna, seiner Frau, und der Herr war ihrer eingedenk. Im Verlauf der Zeit war Hanna gesegneten Leibes und gebar einen Sohn. Sie nannte ihn Samuel, denn, so sprach sie, vom Herrn habe ich ihn erbeten.

Auch im Neuen Testament schob der Evangelist Lukas Elisabeth schön-tröstliche Worte in den Mund: «Jetzt muss ich mich nicht mehr wegen meiner Kinderlosigkeit schämen.» Nach der Scham also das Happy End. Elisabeth wurde schwanger.
Ein wahnwitziger Gedanke durchzuckte mich: Wenn das Wunder der Elisabeth auch mir geschähe?

Zugegeben, ein wenig Schadenfreude empfand ich, als mir bewusst wurde, dass auch ein Mann im Zusammenhang mit der Kinderlosigkeit ins Gerede kam. Der Priester Zacharias wurde vor allen Leuten gebüsst, weil er nicht glauben wollte, dass seine Frau schwanger war. Bis zur Geburt seines Kindes blieb Zacharias stumm.
Ich hätte Zacharias gerne gefragt, ob er sich schon abgefunden hatte mit seinem Schicksal, weil ihm bekannt war, dass Kinderlosigkeit damals Strafe Jahwes bedeuten konnte, die wegen einer Freveltat über ganze Gebiete verhängt wurde.

Von Elisabeth war der Weg nicht weit zu Maria. Ich erlaubte mir, die Gottesmutter zu mir zu holen und sie zu sehen, wie ich sie sehen wollte. Ich unterstellte Maria, dass sie vielleicht gar nie menstruiert, nie mit Josef geschlafen hatte, dass der Vorgang des Gebärens nicht gruselig und geheim war, wie nach damaligem Empfinden üblich, ich vermeinte zu wissen, dass keine Nachgeburt im Stall von Bethlehem lag, kein verblutetes Stroh, das Josef diskret weggeräumt hätte.

Je mehr ich spöttelte, unterstellte und übertrieb, desto klarer wurde mir, dass ich auf dem Weg war zu mir und zu meinem christlichen Urvertrauen.
Leise begann ich zu ahnen, dass die Frauenrolle nicht identisch war mit der Mutterrolle, dass mein Leben auch dann einen tiefen Sinn hatte, wenn ich kein Kind auf die Welt brachte. Wahrscheinlich teilte mir das Leben eine aussergewöhnliche Aufgabe zu, die ich, wie Maria, nach freiem Entscheiden bejahen oder ablehnen konnte.
Welche grossartige Herausforderung stand mir bevor! Doch – würde ich fähig sein, mein Leben entgegen den eigenen und den mich umgebenden Erwartungen individuell zu gestalten?

Mein Rücken schmerzte. Ich erhob mich, wanderte in der Mütterkapelle auf und ab, im Zickzackkurs zwischen den leeren, dunkel gebeizten Bänken hindurch, in den Mittelgang, vor und zurück.
Wie eine Kranke oder langsam Genesende verliess ich die Kapelle, machte ein paar Schritte auf den Zementplatten vor dem Haus der Mütter und setzte mich schliesslich auf die Bank beim Biotop.
Ein hölzerner, mit Sand gefüllter Kasten, für Kinder zum Spielen gedacht, verlockte mich, meine Schuhe auszuziehen. Durch die baumwollenen Socken spürte ich die wohlige Weichheit des Sandes. Ein Gefühl wie damals in den Dünen kam auf, als ich neben Sébastian am Strand zwischen der Ost- und der Nordsee lag. Unsere Körper waren mittendrin im

Spiel des Windes mit dem Wasser, im Spiel des Wassers mit dem Wind.

Sébastian war sehr nachdenklich. Die leise schlagenden, sich kräuselnden Wellen, sagte Sébastian, seien wie Millionen von Walen, die, in sich versunken, auf die Stimme des Franz von Assisi lauschten. Wir prägten uns die Bilder ein:
Die mit Urgewalt aufeinander prallenden Meere.
Zwischen den Meeren die Strasse.
Über uns der Spielzeugdrachen wie ein Regenbogen.
Weit oben zerfetzte, weisse Wollknäuel.
Fliegendes Glück.
Wir fühlten uns eins mit der Natur.

Ungern erinnerte ich mich, wie Sébastian und ich auf Kommando des Arztes zwei- oder dreimal miteinander geschlafen hatten. Hoffnungsvoll war ich anschliessend zum Gynäkologen gegangen.
Einmal raste Sébastian mit dem Spermiensäcklein ins Labor des Universitätsspitals. Später erfuhren wir, dass nicht weit entfernt, in der Veterinärklinik, andere Samen erforscht wurden.
Die von Zuchtstieren.
Mann experimentierte mit Turbokühen.

Vielleicht brauchen Sie GIFT? hatte mein Arzt bei einer Konsultation gesagt und dabei gelächelt wie in einem kitschigen Hollywoodfilm. GIFT, das englische Wort für Geschenk, ist auch eine Abkürzung und bedeutet Gameta Intra Fallopian Transfers, im Klartext heisst das intratubaerer Gametentransfer.
Im Klartext?
Ich kam mir vor wie die Grossmutter beim Quacksalber.
Gameten-Transfer?

Konnte der Arzt keine verständliche Sprache? Durch GIFT, erklärte emotionslos der Medizinmann nach meinen Rückfragen, durch GIFT kann auch in jenen Fällen eine Schwangerschaft erzielt werden, in denen eine Unverträglichkeit von Sperma und Gebärmutterschleimhaut vorliegt, oder wenn die Frau an Gebärmutterschleimhautverwachsungen leidet oder wenn eine Störung im Eizellenauffangmechanismus besteht.
Ich denke, sagte der Arzt zum Schluss und blickte mich väterlich an, ich denke, dass man das Kinderkriegen heute nicht mehr dem Schicksal überlässt.

Unsere ersten spontanen Gefühle, die wir später immer wieder hinterfragten, sagten uns, dass der Arzt bei uns keine einschneidenden Veränderungen vornehmen sollte, wir wollten nicht, dass der Zauberer in uns greift, ersetzt, von irgendwoher nimmt oder gar im Reagenzglas herstellt.
Wir wollten keine Louise.

Die Geburt von Louise Brown am 25. Juli 1978 im englischen Oldham hätte normalerweise nicht einmal die Lokalzeitung interessiert. Louise war ein gesundes Baby, ihre Mutter Arbeiterin in einer Käsefabrik, der Vater Lastwagenchauffeur. Dass Louise dennoch weltweit Schlagzeilen machte, lag an der sensationellen Art ihrer Zeugung: Louise Brown war der erste Mensch, der ausserhalb des Mutterleibes, im Reagenzglas, entstanden war.
Louise machte uns Angst – oder vielmehr die Art, wie sie gezeugt worden war.
Sébastian und ich hüteten unsere Liebe, auch die körperliche, als kostbaren Schatz. Wir wollten nicht, dass bei der Zeugung eines Kindes das Reagenzglas im Mittelpunkt stand. Wir wünschten uns ein Liebes-Kind. Wider alle Vernunft lebten wir insgeheim in der Hoffnung, dass sich die natürlichste Sache der Welt auch bei uns natürlich ergäbe.

Der Weg vom Biotop zu meinem Zimmer war nicht weit, doch als ich die Halle durchschritten hatte und zur Leseecke kam, fühlte ich mich bereits müde. Oder waren es die Tageszeitungen, die mich anzogen und an denen ich kaum vorbeigehen konnte, ohne zumindest die Frontseite zu lesen?
Entgegen meiner Gewohnheit schlug ich die Zeitung von hinten auf und überflog die fettgedruckten Titel. Am Bild einer lachenden, hübschen, jungen Frau blieb ich hängen. Neben der Fotografie war ein schwarzes Kreuz. Frau M. ist bei der Geburt ihres Kindes gestorben, hiess es im Nekrolog. In Erfüllung ihrer Mutterpflicht.
Mutter-Pflicht?
Der Ausdruck Mutterpflicht war mir schon seit der Berufsschule bekannt. Damals schrieb der Geschichtslehrer für ein Streitgespräch in der Klasse einen provokativen Ausspruch von Theodore Roosevelt an die Tafel: Es ist ebenso Pflicht der Frauen, Kinder zu gebären, wie es Pflicht der Männer ist, für ihr Vaterland in den Krieg zu ziehen. Wer sich diesem Ideal entzieht, verdient unsere Verachtung.
Wir nahmen das Streitgespräch in der Schule nicht ernst und lachten über die veralteten, naiven Verallgemeinerungen.
Bis heute sind die Normen für Frauen von Männern gemacht. Wie lange noch?

Ich erinnerte mich, wie Sébastian vor nicht allzu langer Zeit aufgekratzt nach Hause gekommen war. Zwei seiner Freunde hatten ihm geraten, sich zu bewerben für die frei werdende Stelle des Rektors einer Schule.
Und, fragte ich gespannt, was wirst du tun?
Warum fragst du? Selbstverständlich werde ich mich melden!, antwortete Sébastian sehr fröhlich und sehr selbstbewusst.
Mein Mann plante seine Zukunft. Ob mit oder ohne Kind, das war nicht seine Frage.
Warum gelang mir diese Einstellung nicht?

Im Müdmütterzimmer schien die Sonne durch die grossflächigen Fenster. Ich spürte wohltuende Wärme in meinem Rücken. Auf dem Bauch liegend, zog ich meinen dunklen Pullover über den Kopf und warf ihn auf die Kunstharzplatte, wo schon die Bibel lag.
Rot. Weiss. Schwarz.
Im Alltag ging ich mit Farben wählerisch um. Es konnte schon vorkommen, dass ich nach dem Frühstück wieder den Kleiderschrank öffnete und mich umzog, weil der Pullover nicht zu meiner Stimmung passte.
Für die Jazztanzstunde besass ich einen dunklen Gymnastikdress. Die farbigen Stirnbänder und Stulpen wechselte ich oft. Wenn ich mich für das knallig-bunte Stirnband entschied, das ich aus einem Mayagürtel genäht hatte, betrachtete ich mein Profil besonders wohlgefällig in der hohen, blankgeputzten Spiegelwand des Tanzsaales. Was stellst du nur an, fragten die Kolleginnen in den Tanzpausen, dass dein Bauch stets pfannendeckelflach bleibt? Mich langweilten solche Fragen. Ich mochte meinen Körper, wie er war. Es erstaunte mich, dass Frauen heutzutage entweder flache Bäuche oder voluminöse, aufgeschwollene, schwangere liebten.
Mein sicherer Umgang mit den Farben war mir im Beruf von Nutzen. Er brachte mir von Zeit zu Zeit eine schöne Stange Geld ein, vorausgesetzt, Farbe, Text und Figur bildeten eine Aussage, die für den Betrachter so einleuchtend war, als hätte er sie selbst erfunden.

Von meinem Bett aus konnte ich den Esel erkennen. Dieser Gebirgsteil der Pilatuskette war mit wenig Schnee verhüllt, so dass ich nur ahnte, welche Schönheiten unter der weissen Decke verborgen lagen. Je länger ich in Richtung Esel blickte, desto mehr faszinierte er mich. In meinem Kopf entstanden humorvolle Verse, Limericks, Aphorismen.

Stumm schrie ich auf, als plötzlich kalte Finger von hinten meinen Hals umklammerten. Die Zunge klebte am Gaumen und im Magen lagen zentnerschwere Gewichte. Als es meinen Beinen entlang warm und feucht zu rinnen begann, hörte ich eine spöttische Stimme: Pass auf, femme d'éscalier, du machst die Stufen deiner Karriereleiter nass!
Femme d'éscalier. Diesen Ausdruck hatte mein Mann für mich erfunden.
Auf einmal war der Kaltfingerige verschwunden – Sébastian stand neben mir in der Arena, inmitten eines Kreises von unzähligen Männern und Frauen jeglicher Hautfarbe, die mit uns stumm warteten, bis ein wildes Pferd um den Menschenkreis rannte, sich auf die Hinterbeine stellte, während seine Vorderfüsse den Bruchteil einer Sekunde brauchten, um auf dem Rücken aller Paare ein hufeisenfarbiges Brandmal zu zeichnen.

Ich erwachte. Mein rechter Arm war eingeschlafen. Mit der linken Hand tastete ich meinen Rücken nach Brandmalen ab. Wenn ich auch kein äusserliches Zeichen erfühlen konnte, hinterliess dieser Traum, wie schon die vorhergehenden ähnlichen, in meinem Innern tiefe Spuren.
Ich war eine Gezeichnete.

Verängstigt kuschelte ich mich in die Decke und schob das Kissen rundholzförmig in den Nacken, winkelte die Beine an und wünschte mir zur Ablenkung ein Radio, einen CD-Player oder einen Fernseher. Zwar hatte ich eine allgemeine Abneigung gegen Apparate und belächelte jeweils Sébastian, wenn er alle wort- und musikverheissenden Knöpfe und Armaturen ausprobierte, sobald er ein Hotelzimmer betrat.

Daheim liess ich mir öfters Gemütvoll-Geistreiches über das Radio servieren. So fiel das wochen(un)endliche Haushalten leichter.

Es war an einem Samstag, als ich mich mit der ungeliebtesten Putzarbeit, dem Kochplattenreinigen, beschäftigte. Die Radiosprecherin übersetzte den Text eines Volksliedes aus Mali, welches mit dem Satz endete: «Das Kind ist der Spiegel, in dem man sich betrachtet.»
Diese Worte liessen mich aufhorchen, als hätte ich auf sie gewartet wie ein vertrockneter Schwamm auf den Wasserhahn. Meine rechte Hand wurde beim Putzen zum Greifarm, der automatisch unzählige Runden auf einem Schallplattenteller drehte, bis die Schallplatte einen Sprung bekam und bloss noch die Stelle ausspuckte:
Das Kind ist der Spiegel, der Spiegel, der Spiegel ...
Als das Tuch von der erwärmten Kochplatte schwarz geworden war, rannte ich hinauf ins Badezimmer.
Hinterher sah es aus, als hätte jemand, in der Badewanne sitzend, einen Stein in den Spiegelschrank geworfen. Meine Faust blutete. Ich holte den Staubsauger, fahndete nach den winzigen Scherben auf dem Flaumteppich und klebte einen Werbespot aus meinem Atelier in die Mitte des Risses. Der kaputte Spiegel erinnerte mich noch lange tagtäglich an die Bürde, die ich nicht bereit war zu tragen.

Eine Wunde oder eine Krankheit hätte ich hassen können. Doch weder an Sébastians noch an meinem Körper gab es etwas, das wir bis jetzt nicht gemocht hätten. Nur die Medizinmänner hatten ihn festgestellt, den körperlichen Defekt, den Sand im Getriebe der Fortpflanzungsmaschine.
Manchmal wünschte ich, wir hätten uns die Arztbesuche erspart und uns ewig in der Ungewissheit gewähnt.

Schon recht früh, bevor wir wegen unserer Unfruchtbarkeit gezielt mit einer klassischen medizinischen Untersuchung begonnen hatten, riet ein Arzt uns zu anderen Essgewohnheiten. Zucker zum Beispiel, sagte der Mediziner, übersäure den

Körper und mache ihn krankheitsanfällig. Der so geschwächte Körper sei weniger zeugungs- und empfängnisfähig. Der Arzt verschrieb mir zudem ein homöopathisches Mittel, das den zähen Scheidenschleim flüssiger machte. Zusätzlich verordnete er ein Medikament, das nach homöopathischen Grundsätzen ausgerichtet, zu meiner gesamten Persönlichkeit passte. Akupunktur, liessen wir uns sagen, könne in bestimmten Fällen wirkungsvoll und preiswert eine Gesprächstherapie oder eine langwierige Hormonbehandlung ersetzen, falls keine organischen Störungen vorlägen. Ebenso könne eine Moor- oder Solekur Wunder wirken. Moor und Sole enthielten Wirkstoffe, die sich günstig auf chronische Entzündungen im Unterleib auswirkten. Die Wärme der Bäder und Packungen rege den Körper zusätzlich zur Selbstheilung an.
Heilkräuter-Fachfrauen empfahlen uns Misteltropfen und Tee aus Frauenmantel, Schafgarbe, Taubnessel und Thymian sowie Bäder mit Salbei und Umschläge aus Zinnkraut.
Ich vertraute den Ratschlägen und tat locker, was man und frau uns rieten. Es war fast wie ein Spiel. Nur den Frauenmantelteltee verabscheute ich. Die alte Frau Brovio hatte in meiner Kindheit das ihre dazu beigetragen.

Ich hatte mich im Mütterhaus für das Mittagessen abgemeldet, war losgezogen, zur Busstation, zum Bahnhof. Auf der Piazza im Süden sass ich inmitten von Touristen, blinzelte in die spätherbstliche Sonne, die gerade noch warm genug schien; ich ass eine Kleinigkeit, mein Körper war entspannt, der Kopf angenehm träge.
Am späteren Nachmittag sehnte ich mich nach meinem Müdmütterzimmer. Liebend gern hätte ich mich dort mit einem Buch, einer Schokolade und einer Tasse Tee niedergelegt.
Auf der Heimfahrt im Intercity entdeckte ich ein bekanntes Gesicht. Trotz den vereinzelten hellen Strähnen im einst pechschwarzen Haar erkannte ich Borissa auf den ersten Blick. In

ihren schlanken Fingern hielt sie eine Zigarette. Ich setzte mich zu ihr. Die kleinen Fältchen um ihre Lippen waren auffällig. Borissa rauchte nicht, sie wechselte bloss den Glimmstengel von einer Hand in die andere. Noch bevor der Zug den Basistunnel erreicht hatte, waren wir mitten im Berufsgespräch. Wir ereiferten uns über die Werbung, setzten Massstäbe, das Geld und die Moral betreffend, und wetterten über jenen Kollegen aus der Gewerbeschule, der geschmacks- und einfallslos jeden Auftrag nur mit halbnackten Frauen zu erfüllen wusste. Nun ja, an Klassentreffen komme sie nicht mehr, meinte Borissa. Bei den Frauen würden immer dieselben Fragen gestellt: Bist du verheiratet? Hast du Kinder? Bei den Männern erkundigte man sich nach dem Geschäft, dem Haus, dem Hobby.

Der Jeanpi, sagte Borissa, der aus dem Neustadtquartier, habe an einer Klassenzusammenkunft nach dem vierten oder fünften Glas Bier den Taschenrechner hervorgeholt und ihr vorgerechnet, dass die ehemalige Klasse zusammengezählt 34 Kinder habe, 1,4 Kind pro GewerbeschülerIn, das sei 0,1 % unter dem schweizerischen Durchschnitt. Am liebsten hätte sie Jeanpi am krausen Haarschopf gepackt und ihm die Ohren langgezogen; sie hätte es natürlich nicht getan, weil Jeanpi ihr nur hätte zeigen wollen, dass er sich noch immer für Zahlen interessierte, auch wenn sich das Fachgebiet seit der Gewerbeschule verändert hatte.

Auf unserer Bahnfahrt redete Borissa viel, sie stellte Fragen, die sie meist auch selber beantwortete. Warum sie Jeanpis Geplapper getroffen habe? Sie und ihr Partner seien nämlich kinderlos, ungewollt. Wer schuld sei? Nur Polizisten und Gynäkologen würden solche Fragen stellen.

Ich nickte verlegen. Als mir Borissa forschend in die Augen blickte, als wäre sie eine Iris-Diagnostikerin, begann ich zaghaft zu erzählen, dass ich kürzlich an einem Vormittag im Hallenbad gewesen sei, wo eine Gruppe schwangerer Frauen im Wasser Gymnastik übten.

Und?, fragte Borissa.
Ich stockte.
Borissa schaute mich vom gegenüberliegenden Sitz aus prüfend an. Meine Wunde war noch neu. Ob es mir gelingen würde, ohne Heulen weiterzureden? Ich sprach mir selber Mut zu, nahm die Brille ab, öffnete die Augen unnatürlich weit und sagte leise, fast flüsternd: Borissa, den Schwangeren im Schwimmbad sieht man ihren Zustand an. Wir Sterile bilden keine Gruppe.
Ich spürte die Tränen auf meinen Wangen, während ich hastig am Reissverschluss meiner Tasche hantierte. Borissa stand auf, reichte mir ein Taschentuch und setzte sich auf den leeren Platz neben mir. Dann fielen wir uns schüchtern in die Arme.

Als Borissa ausgestiegen war, fühlte ich mich allein. Ich heulte, ohne zu überlegen, ob die Leute im Abteil mich beobachteten. Ich wollte nicht vernünftig sein, wie jener Junge, der mir auf der Hinfahrt ins Tessin gegenüber gesessen und untröstlich gewesen war, weil er im Postauto seinen Teddy vergessen hatte. Seine Mutter hatte auf ihn eingeredet: Sei vernünftig, Reto, weine nicht, Reto, Papa wird dir zu Weihnachten einen neuen Bären schenken, Reto, einen viel schöneren und viel grösseren, Reto! Ich will aber meinen Teddy zurück!, hatte Reto weiter geschluchzt und mit seinen verschmutzten Turnschuhen die Mutter ans Schienbein gekickt. Willst du jetzt endlich ruhig sein!, hatte die Mutter geschnaubt, ihren Sohn an den Haaren gerissen und ihn in den Arm gekniffen. Daraufhin hatte Reto geschwiegen und sich mit finsterer Miene in seinen Fensterplatz verdrückt.
Wahrscheinlich hätte Retos Mutter auch für mich eine Botschaft gehabt. Gute Frau, hätte sie vielleicht gesagt, Sie mit Ihrem Kinderwunsch! Seien sie doch vernünftig! Der Wunsch nach einem eigenen Kind gehört zwar zu den grundlegendsten menschlichen Bedürfnissen. Aber seien Sie doch vernünftig:

Es gibt eh schon zu viele Menschen auf der Welt. Warum muss es ausgerechnet für Sie noch ein eigenes Kind sein?

Ich gönnte mir einen Ruhetag. Erst als es im Müdmütterzimmer dämmrig wurde und ich beim Lesen zu frösteln begann, beschloss ich, mich zu bewegen. Ich nahm den Wollpullover von der Kunstharzplatte, warf ihn über die Schultern und machte mich auf den Weg zu meinen steinernen Vertrauten.
In leichten Schuhen jagte ich einem schmalen Feld entlang.
Schon von Ferne flogen mir die Braun- und Rottöne des nahen Waldes durch den dünnluftigen Himmel entgegen. Die Windverhältnisse änderten sich ungewöhnlich rasch. Im leintuchgrossen Stück Nebelweiss sah ich einen Baum voll lärmiger Krähen. Dann tauchte ich ein in die poröse Watte des Bodennebels. Meine Füsse traten dem massig schiefwinkligen Berg entgegen.
Vom ungewohnt schnellen Laufen hörte ich mein Herz klopfen wie eine Swatch, der Pullover klebte an den Hüften, ein Schuhbändel hatte sich gelöst. Ich musste stehen bleiben. Atemlos, den Oberkörper vornübergebeugt, äugte ich hinter die behäbigen Baumstämme, die Verbotstafel für Reiter und den Vogelbeerbaum.
Beim Aufrichten fiel mein Blick auf den Pilatus. Ich musste schmunzeln. Hatte ihm der Mond, sichelförmig zu sehen, tatsächlich einen Heiligenschein verpasst?
Ich joggte weiter, bis meine Waden spannten und die Hände zitterten. In der Lendengegend und am Hals spürte ich eine warmnasse Feuchtigkeit, mein Gaumen war schal. Weiter, nur weiter, hetzte ich mich selber, zeig, was du kannst, dein Körper ist stark und gesund!
Nein, fiel es mir schlagartig ein, nein, gesund war ich nicht. Solange Behinderung als Abweichung von der Norm definiert wird, werde ich zur Kategorie der Behinderten gehören.
Mein Körper hinderte mich, Mutter zu werden.

Wenn man einen Querschnittgelähmten tröstete und ihm wider besseres Wissen klarmachen will, dass er eines Tages wieder herumhüpfen könne wie ein Reh, half das genauso wenig, wie wenn man Sébastian und mir lächelnd auf die Schulter klopfte und augenzwinkernd sagte: Übt nur brav weiter, eines Tages werdet ihr es bestimmt schaffen!
Sébastian und ich schafften es nicht.

Rennen und zugleich Kopfarbeit leisten, das war zu anstrengend für mich. Auf offenem Feld blieb ich regungslos stehen, winkelte das rechte Bein an, so dass es beinahe meine Brust berührte, und schloss die Augen.
Ich verlor das Gleichgewicht.
Als ich mit verschmutzten Ellenbogen und Händen auf der feuchtnassen Wiese hockte, heulte ich auf wie ein von der Kugel getroffener Löwe:
Behindert!
Ich?
Behindert!
Sébastian?
Behindert!
Wir beide behindert?
Ich rappelte mich auf und schrie so laut, dass es in Hals und Ohren schmerzte:
Nein!
Nein!, widerhallte es vom Berg.

Es war spät, als ich ins Haus der Mütter zurückkehrte. Kein Licht brannte, weder im Speisesaal noch in den Zimmern. Die müden Mütter schliefen.
Versteckt unter den Efeugewächsen fand ich schliesslich die Nachtglocke. Während ich wartete, bis die Hausverwalterin öffnete, hörte ich meinen Magen knurren. Für ein gutes Essen hätte ich jetzt sogar Genoveva, Geneviève oder Jennifer in

Kauf genommen. Friedlich gestimmt beschloss ich, ab morgen meine Tischnachbarin Ge zu nennen.
Beim Frühstück am andern Morgen war das Zusammentreffen mit Frau Ge unausweichlich. Inmitten von Brötchen und Käse, Früchten und Flocken ertrug ich sie leicht. Während Ge aus Gewichtsgründen, wie sie es nannte, nichts ass, sondern sich bloss einen Kaffee nach dem andern einschenkte, schwatzte sie lange und ausführlich über eine Verwandte ihres Mannes, obwohl mich die Verwandten von Frau Ge nicht interessierten. Wissen Sie, begann Frau Ge, und es tönte geheimnisvoll, wissen Sie, die rossschwanzige Meierin, die weit entfernte Verwandte meines Mannes, ist nicht mehr dieselbe gewesen, als sie mit einem schäbigen Koffer in die Schweiz zurückgekehrt ist, und wahrscheinlich hat sie noch irgendwo Geld gepumpt für das Taxi, wo doch ein Bus jede Stunde im Dorf oben hält, sie wolle ja nichts gesagt haben, aber nicht nur der Koffer sei schäbig gewesen, sondern auch die engen Hosen und der bis auf den Po reichende, gefärbte Rossschwanz. Ihr Freund habe wahrscheinlich Freude gehabt an der blonden Mähne, aber jetzt hätte es ihm ja auch nichts mehr genützt, wo er doch dort unten in seiner Heimat sei und mithelfe, die Schlachten einzuheizen.
In einem verbombten Vorort, sagte man, habe die junge Frau Schlaftabletten geschluckt, schäbige Qualität notabene, und als sie zurückgekehrt sei ins Dorf an der Aare, habe sie bloss noch geheult und geraucht und Himbeerschnaps und anderes klebriges Zeug gesoffen, und die Brüder, mit denen sie auf dem Bauernhof wohnte, hätten gespöttelt, hat sich dein Schätzelein in Jugoslawien zu Tode gekriegelt, und die währschaften Burschen hätten sich gewünscht, dass es auch bei ihnen aufregender würde und sie einmal das Gewehr aus dem Wandkasten nehmen könnten und die ennet der Aare ihre Pistölchen vom Gürtel und dass ein richtiges schönes Krieglein losginge und die Amis-Kameras blitzten und dass man dies im Fernse-

hen jeden Tag anschauen könnte abends zehn Minuten vor zehn.

Als dann die Meierin zur Migros gegangen sei, erzählte Ge, und die Kasse nie stimmte und sie arbeitslos wurde, hätten die Brüder gewettert: Du rentierst nicht mehr, nur saufen und rauchen und daheim auf der faulen Haut herumliegen, sogar die Unterhosen müssen wir selber waschen und die Bratwürste aufwärmen am Abend! Da habe die Meierin den Jeep der Brüder vor der Aarebrücke abgestellt und sich geschworen, ich tu's, aber Sie wissen ja, Frauen geben nicht so rasch auf, und gerade anderntags habe die Meierin von der Tante ihres Freundes aus dem zerbombten Vorort ein Brieflein bekommen, ihr Schätzelein, das Herzallerliebste, sei tot, dann hätte sie sich auf der Stelle umgebracht, wenn da nicht gleichentags in der Bar, die sie öfters besuchte, ein Mann aufgetaucht wäre, sie abgeküsst und gehätschelt hätte und wenn sie sich ihm nicht wochenlang blindlings hingegeben hätte wie ein herrenloses Hündchen und dies unzählige Male jeden Tag, bis sie schwanger war und vernahm, dass ihr Fernfahrer in jeder Grenzstadt ein Liebchen verwöhnte.

Den Rest können Sie sich sparen, unterbrach ich Ges unermüdlichen Redefluss. Nicht doch, sagte Frau Ge energisch, man muss lernen, die Dinge beim Namen zu nennen. Damit hatte sie zweifellos recht.

Also, fuhr Ge weiter, es war nachmittags um vier und die Brüder auf dem Feld und der Fernfahrer in der Ferne, da holte die Meierin einen Strick und ging gemächlich, als müsste sie jede Stufe zählen, hinauf auf den feucht-kühlen Dachboden, und sie hörte die Tauben gurren und die Bienen um Hilfe rufen, die der Spinne ins Netz geraten waren, und auf einmal starrte die schwangere Frau in den hintersten Winkel des Estrichs, wo das Wieglein träumte, und sie vernahm die Stimme ihrer Mutter, Regula, Liebes; doch so schnell wie die mütterlichen Töne gekommen, verflogen sie wieder und es kam die Zeit für den Flügelschlag des Todesengels und er schlug und schlug, bis Regulas Gefühle und die Gedanken barsten.

Ich schwieg.
Eine junge Frau hatte Selbstmord begangen.
Mitsamt dem Baby in ihrem Bauch.
Was gab es für mich als Frau, als unfreiwillig Kinderlose, dazu zu sagen?

Ein Joghurt, sagte Frau Ge, jetzt ess' ich doch noch ein Joghurt. Milchprodukte sind gut für die Verdauung! Ich hob fragend die Augenbrauen und hörte mir schweigend das Loblied an von Dolores und Catrina, Ges Töchtern, den wohlgeratenen, musikalischen, sportlich begabten.
Nach einer halben Stunde hatte ich genug gefrühstückt und vor allem genug zugehört. Wissen Sie, liebe Frau Ge, sagte ich, ich habe keine Kinder. Heftig stellte Ge ihre Tasse ab, sodass der Kaffee auf den Unterteller schwappte.
Ach so, meinte Ge, nachdem sie ein Papiertaschentuch unter die Tasse gelegt hatte, wie langweilig! Dann haben Sie also nur Haushalt und so?
Ich rückte den Stuhl zurecht und überlegte, ob ich die Frage überhören und den Speisesaal verlassen sollte. Statt dessen atmete ich tief ein, machte eine Pause und sagte sehr bestimmt: Frau Ge, ich bin Grafikerin und besitze ein Werbeatelier.
Ach so, meinte Ge erstaunt, auch in ihrem Bekanntenkreis gäbe es gut ausgebildete Frauen, die erst einmal eine berufliche Laufbahn einschlügen und nichts vom Hausfrauendasein und der Kindererziehung wissen wollten. Erst in ihren Dreissigern würden sich diese Karrierefrauen mit dem Kindergedanken anfreunden, ohne sich bewusst zu sein, dass die Fruchtbarkeit zu diesem Zeitpunkt bereits rapide abgenommen habe.
Sehen Sie, plapperte Ge weiter, freundlich und unbekümmert darüber, dass sie mir vielleicht weh tun könnte, sehen Sie, es

gibt halt so Ehrgeizige, die für das Wesentliche im Leben keine Zeit haben, bis es zu spät ist. Dann jammern sie, statt jeden Morgen auf nüchternen Magen ...
Mir ging die Galle über.
Diese Ratschläge kenne ich, sagte ich spitz, jeden Morgen auf nüchternen Magen eine Tasse Frauenmanteltee trinken, selber gesuchte Kräuter müssen es ein, von den Hängen im grossen Kindlital natürlich. Oder in den Schwarzwald fahren, zum ach so berühmten Professor, der schon etlichen Filmstars geholfen und ...
Warum so zynisch?, unterbrach mich Ge. Sind berufliche Erfolge für Sie auch Ersatz für nicht gehabte Kinder?
Mein Schmerz verschloss mir den Mund.
Ge begann, mit dem Mittelfinger der rechten Hand an die leere Kaffeetasse zu klopfen.
Sie schien verwirrt und starrte mich an.
Umständlich putzte ich die Nase und schluckte leer.
Als ich mich von meiner lähmenden Betroffenheit befreien konnte, setzte ich zum Reden an. Ich schleuderte Ge vieles an den Kopf, was ich in letzter Zeit überlegt und gehört hatte. Liebe Frau Ge, begann ich, unter allgemeinen Werten rangieren Kinder und Familie sehr hoch, höher als eigene Berufsarbeit. Kinderhaben ist für die meisten Frauen der Königsweg der Selbstverwirklichung. Kinderlosigkeit hingegen kann nur in einer Gesellschaft als Makel empfunden werden, in der die stillschweigende Überzeugung herrscht, bloss eine Frau mit Kindern sei eine vollwertige Frau. Noch immer müssen sich Frauen, die aus irgendwelchen Gründen keine Kinder haben, rechtfertigen. Ich will mich vor Ihnen, Frau Ge, nicht rechtfertigen, verstanden!
Ge schaute sich erschrocken um. Ausser uns war niemand mehr im Speisesaal.
Bei meinen Ausführungen war ich in Fahrt gekommen und wollte mich nicht stoppen lassen. Mir schossen so viele Ge-

danken durch den Kopf, dass sich mein Mund gelegentlich verhaspelte. Das allen Frauen unterstellte zentrale Lebensbedürfnis, liebe Frau Ge, Mutter zu werden, Mutter zu sein und es unbedingt auch sein zu wollen, ja zu müssen, ist ein Phänomen der Moderne, kaum 200 Jahre alt, sagte ich. Mein Gegenüber nickte zustimmend und meinte, Fruchtbarkeit geniesse in allen menschlichen Kulturen einen hohen Stellenwert. Ja, sagte ich, doch Fruchtbarkeit hat neben der individuellen auch eine ausgeprägte gesellschaftliche Dimension.
Wussten Sie, liebe Frau Ge, dass es Gesellschaften gibt, in denen nach Jahren eines Geburtenüberschusses die Beschränkung der Kinderzahl staatlich gefördert wird? In China zum Beispiel wird die Ein-Kind-Familie subventioniert. In andern Ländern wiederum, fuhr ich fort, wird der Geburtenrückgang beklagt und Frauen und Männern geraten, mehr Kinder zu bekommen. So gab es in der ehemaligen DDR für Mütter und Familien mit Kindern eine ganze Reihe von Förderungsmassnahmen. Darüber hinaus wurde ein gesellschaftliches Leitbild vermittelt. Ein, zwei oder drei Kinder zu haben und berufstätig zu sein, entsprach dort dem weiblichen Rollenbild.

Im Speisesaal begannen zwei Frauen, das Frühstücksbüffet abzuräumen. Ge holte sich rasch noch ein Glas Milch und fragte, ob ich im Fernsehen gehört hätte, wie eine Abgeordnete im deutschen Bundestag vorschlug, dass all jene Frauen, die bis zu ihrem 35. Geburtstag noch nichts für ihr Vaterland getan, das heisst, die bis zu diesem Zeitpunkt noch kein Kind geboren hätten, zur Bundeswehr eingezogen werden sollten.
Meine Antwort fiel sarkastisch aus: Wenn bei uns in der Schweiz die Zahl der Dienstverweigerer ständig zunimmt, liebe Frau Ge, könnten doch, anstelle der ungehorsamen Männer, die Frauen in die Knie gezwungen werden, ich meine natürlich nicht die richtigen, die daheim für Mann und Kinder sorgen, ich meine die Kinderlosen. Vortreten, Kinderlose,

müsste es dann heissen, vortreten in Reih' und Glied! Wie lang diese Reihe wäre, darüber könnte man nur Vermutungen anstellen – das eidgenössische Amt für Statistik weise keine Zahlen aus, weil bei Statistiken die Rubriken fehlten, wo es hiesse:
Frauen, die keine Kinder geboren haben,
Frauen, die ein Kind oder mehrere geboren haben.
Diese Lücke müsste spätestens bei der nächsten Volkszählung geschlossen werden.

Meine Ausführungen waren für Ge verwirrend; ich sah, wie sie angestrengt nachdachte und zu keiner Entgegnung fähig war. Darum nutzte ich die Gelegenheit und begann von Otto Weininger zu erzählen, diesem Verrückten, der anfangs unseres Jahrhunderts als kaum 23-jähriger ein 400-seitiges Buch geschrieben hatte mit dem Titel Geschlecht und Charakter.
Wissen Sie, Frau Ge, welch hirnverbranntes Bild dieser junge Mann von den Frauen entwarf? Der tiefststehende Mann, behauptete Weininger, ist noch höher als die höchste Frau. Ist die Frau überhaupt ein Mensch? Die Frau erhält durch den Mann eine zweite Natur, sie ahnt nicht, dass es nicht eine echte ist. Sie nimmt sich so ernst und glaubt etwas zu sein, so tief sitzt bei ihr die Lüge.
So ein Blödsinn!, wehrte Ge ab.
Später musste Ge, wie es auch mir vor nicht allzu langer Zeit passiert war, ihre Meinung revidieren, als ich ihr erklärte, dass der berühmte Schriftsteller Stefan Zweig diesen an Hysterie leidenden jungen Mann, der sich als Mitzwanziger erschoss, verehrte und ihn ein Genie nannte.
Wie?, fragte Ge ungläubig, Stefan Zweig nannte Weininger ein Genie? Ge behauptete, dass es ihr schwindlig werde, wenn sie daran denke, wer die fünf Auflagen von Weiningers Buch gelesen habe. Mir wird schwindlig, Frau Ge, wenn ich daran denke, was noch heute von solchem Gedankengut in unsern Köpfen herumspukt, sagte ich sorgenvoll.

Ge schloss mit einer theatralischen Gebärde die Hände, als wollte sie beten, dann stand sie auf, rückte den Stuhl zurecht, nickte und bedankte sich für meine interessanten Ausführungen.
Mich überfiel das schlechte Gewissen. Warum war ich mit Ge so hart ins Gericht gegangen? Lebte sie nicht so, wie heute viele Frauen leben:
Mit zwanzig ein Beruf, mit dreissig verheiratet und ein Kind.
War das Leben nicht viel einfallsreicher als dieses Schema?
Ich durfte Ge nicht verargen, dass sie sich wenig mit ihrer Frauenrolle und noch viel weniger mit Kinderlosigkeit auseinandergesetzt hatte.
Unsere ganze Gesellschaft tabuisierte das Problem der Kinderlosigkeit. Wie sonst wäre es zu erklären, dass in den Nachschlagewerken – auch den feministischen – der Begriff Kinderlosigkeit fehlte? Weder in Brockhaus und Duden noch in soziologischen und psychologischen Handbüchern war Kinderlosigkeit definiert. In den medizinischen Wörter- und Handbüchern fand ich zur Kinderlosigkeit über den Umweg der Sterilität.
Sterilität wurde als Zustand der Unfruchtbarkeit mit physischer und/oder psychischer Ursache angesehen, die auf medizinischem Wege zu beheben sei.

Sébastian bestand darauf, mich im Hotel Matt abzuholen. Im Müdmütterzimmer feierten wir mit klopfenden Herzen unser Wiedersehen. Wir waren auf vielfache Weise aufeinander neugierig.
Auf der Heimfahrt im Auto schaute mich Sébastian mit verliebten Augen an. Frauen haben Mädchenträume, dachte ich und mein Herz hüpfte vor Freude. War mir mit Sébastian nicht ein schöner Traum in Erfüllung gegangen?

4.

Kaum zu Hause, platzte ich mit der Neuigkeit heraus: Sébastian, ich bin schwanger!
Mein Mann wurde bleich. Er stotterte: Céline! Bist du, bist du verrückt?
Nein, entgegnete ich ruhig, ich bin nicht verrückt. Neun Monate gebe ich mir Zeit zum Verarbeiten der Tatsache, dass ich nie schwanger sein werde. Das ist mein Trauerjahr, Sébastian!

Vom Tag meiner Rückkehr aus dem Haus der Mütter begann ich, meine Gedanken zu meiner Art Schwangerschaft aufzuschreiben. Dieses Festhalten von Überlegungen löste bei mir allmählich eine Emanzipation aus, die mithalf, subjektive Erlebnisse zu objektivieren.

Anfänglich schien mein ungewöhnliches Schwangerschaftsdenken Sébastian nicht bloss zu verwirren, sondern regelrecht zu langweilen. Ich hingegen suchte verbissen nach Fachbüchern, stöberte in Bibliotheken und Frauenbuchläden, ich blätterte in Stichwortkatalogen und fremdsprachigen Werken. Zu meiner Art Schwangerschaft, für mein Trauerjahr, gab es keine Literatur, es gab keine typischen Symptome, keine vertrauten War-es-bei-dir-auch-so-Gespräche unter Freundinnen. Neun harte Monate, so stellte ich mir vor, und dann war dieser Schicksalsschlag
durchgestanden,
durchgetrauert,
durchgeweint.
Zweifel an mir und meiner Idee kamen bald. Schon wollte ich allen Ernstes eine Psychologin aufsuchen, die mir zur Abtreibung meines sonderbaren Kindes raten sollte, da stellte mir Sébastian überraschend die Frage, ob vielleicht nicht auch er eine Trauerschwangerschaft brauchte?

Sébastian, meinst du das ernst? fragte ich zurück und begann vorsichtshalber vom echt schwangeren Mann zu sprechen, der Zukunftsvision experimenTIERfreudiger Ärzte.
Non, der schwangere Mann ist keine Zukunftsvision, erklärte Sébastian und redete französisch wie immer, wenn er erregt war, non, Céline, diese Thematik ist uralt. Die Weltliteratur ist gespickt mit Erzählungen, die den schwangeren Mann zum Thema haben.
Ich staunte. Hatte sich mein Partner tatsächlich auf seine Art mit dem Thema beschäftigt?
Beispiele gefällig?, fragte Sébastian. Die Schwangerschaft Calandrianos, aus dem Decamerone von Boccaccio oder die Geschichte vom Kadi, der ein Kind bekam, aus der Novellensammlung Tausendundeine Nacht. Und hast du schon gehört vom Film Junior, wo Macho und Ballermann Arnold Schwarzenegger seine weibliche Seite herauskehrt und ein Baby namens Junior zur Welt bringt?
Ich wusste trotz meiner Recherchen in Sachen Schwangerschaft von all dem nichts.
Keine Angst, Céline, fuhr Sébastian fort, ich werde mir keinen Mitfühlbauch umhängen, wie es in Amerika üblich ist, wenn werdende Väter gerne erfahren möchten, wie es ist, mit einem dicken, schwangeren Bauch herumzulaufen. Auf den mit elf Pfund warmem Wasser gefüllten Bauch und das eingebaute Pendel, das bei jeder Bewegung mitschwingt, als ob sich das Ungeborene bewegen würde, kann ich verzichten.

Sébastian und ich hatten uns trotz meiner absurden Schwangerschaftsidee immer wieder zueinander vorgetastet. Wir beide träumten weder vom Mitfühlbauch noch vom körperlich schwangeren Mann.
Etwas hatte sich jedoch verändert.
Die Trauerzeit für unsere Kinderlosigkeit schienen wir nun gemeinsam zu begehen.

Das Führen einer Basaltemperatur-Kurve hatte mich eine Zeitlang täglich an unser Problem erinnert und die Spontaneität unseres sexuellen Verhaltens beeinträchtigt. Diese bewährte und im Grunde einfache Technik, die Fruchtbarkeit zu erhöhen, war für den behandelnden Arzt wichtig, für mich als Patientin hingegen sehr lästig, weil Störungen des Zyklus auf psychosomatischem Weg herbeigeführt wurden.
Jetzt endlich bekam ich meine Regel wieder pünktlich.

Giftige Dämpfe treten aus, die sogar Spiegel blind machen, behaupteten in früheren Jahrhunderten «gelehrte» Männer, wenn die Frauen menstruierten. Mann redete von monatlicher Blödigkeit. Auch wenn die Menstruation häufig vorkomme, sagten diese «Gelehrten», sei sie doch eine Krankheit, das Normale wäre die Schwangerschaft, das Stillen eines Kindes, da menstruiert frau nicht.

Wozu aber hatte ich dieses monatliche Ziehen im Rücken, diese Krämpfe im Bauch? Wozu das ausfliessende Blut, das bei mir nur die Funktion hatte, anzuzeigen, dass kein Ei befruchtet worden war?
Früher war der Zyklus bei mir stets ein Neuanfang gewesen. Zwei, drei Tage nach Einsetzen der Regel hatte ich gespürt, wie mir neue Kräfte wuchsen. Schwierige Kundenaufträge nahm ich gelassen an die Hand. Nach Feierabend spürte ich oft Lust, mit dem Velo über Land zu radeln, Gäste mit einem heiklen Soufflée zu bewirten, im Wüstenbuch zu lesen oder eine unangenehme Hausarbeit ohne Aufhebens zu erledigen.
Ich versuchte, der Menstruation den alten Stellenwert zurückzugeben.
Den alten Stellenwert? Nein, ich musste den Zyklus mit neuen Augen sehen!
Ich verglich die weibliche Periode mit den Gezeiten des Meeres, den Phasen des Mondes, dem Rhythmus der Jahreszeiten.

Die Regel wurde ein Abschnitt, der das Leben einteilte in Ruhe und Wachsen.

Meine Kräuterfachfrau hatte mir einmal erklärt, dass die Mondrhythmik uralte Wege gehe in der Behandlung von Unfruchtbarkeit: Alle 29,5 Tage vollendet der Mond eine Umdrehung um die Erde, und im gleichen Rhythmus erlebt die Frau ihren Monatszyklus. Diese Übereinstimmung, sagte meine Kräuterfrau, kann nicht rein zufällig sein. Bei Frauen, die auf dem Land wohnen und bei Frauen sogenannt primitiver Kulturen entspricht der Zyklus oft den Mondphasen. Der intensive Lichtreiz des Vollmondes löst den Eisprung aus, bei Neumond tritt die Monatsblutung ein. Ein vom Mond geregelter Zyklus ist eine gute Grundlage für die Berechnung fruchtbarer Tage.
Heutzutage können Ärzte mit Hilfe von termingerecht eingesetzten Antibabypillen den Zyklus dem Mondrhythmus anpassen. Liebe bei Vollmond ist dann nicht nur äusserst romantisch, die Chancen für eine Empfängnis sind auch optimal. Kosmobiologen sind überzeugt, der Mond spiele bei der Befruchtung die Hauptrolle und sieben von zehn Kindern würden an vom Mond bestimmten Tagen gezeugt.

Wie schön, wenn das Wunder der Zeugung eines Menschen von einem Hauch Geheimnis umgeben ist.
Wie schön! Es gab eine Zeit, in der auch ich von Mystik und Mondschein geträumt hatte ...

Eveline Haslers Buch Letzte Hexe brachte mich auf die Idee, dass der über Jahrhunderte während Kreuzzug gegen die Hexen dazu geführt hatte, dass Verhütungs- und Abtreibungswissen ausgemerzt wurde, dass die Formen von Sexualität, die nicht zur Zeugung von Kindern führten, als widernatürlich und sündhaft verfolgt wurden und somit in Vergessenheit gerieten. War mit der letzten Hexe auch Fruchtbarkeitswissen untergegangen?

Das Taxi hielt vor unserer Haustüre. Ich schleppte meine Reisetasche nach oben.
Müde vom Urlaub?, fragte neugierig Frau K., die Nachbarin in der Wohnung über uns.
Meine Seele war weich und verletzlich. Ich murmelte: Ferien? Nein, ich war in der Frauenklinik.
Frau K. stach der Hafer: Hatten Sie, hatten Sie etwa, etwa eine Abtreibung?
Was?, stiess ich hervor, ungehalten und müde.
Tut mir leid, meinte Frau K. salbungsvoll, eine Frühgeburt? Vielleicht sollten Sie weniger arbeiten und nicht so verbissen Sport treiben!
Endlich hatte ich in den Untiefen meiner Handtasche den Schlüsselbund gefunden.
Ich sagte ade und verschwand.

Mein Körper erholte sich rasch vom kleinen Eingriff. Die Polypen in meiner Gebärmutter hatten nichts mit unserer unfreiwilligen Kinderlosigkeit zu tun. Oder doch?
Mit Hilfe des Gynäkologen hatte mein Körper etwas ausgestossen, das ihm schlecht bekam.
Jetzt war es weg.
Aufgelöst in der Verbrennungsanlage im Spital.
Die Russpartikel verstreut in alle Winde.
Abgelagert in den Bergen, den Wiesen, den Gewässern.

Eines Morgens, nachdem Sébastian zur Schule gegangen war, schlief ich nochmals ein und hörte im Traum die Lautsprecher: Chemieunfall! Ich floh, zusammen mit Sébastian, in lange, unterirdische Hallen, verfolgt von zu Riesen gewordenen Bleistiften. Die Hindernisse, die auf meinem Weg waren, konnte

ich nur schwer umfahren. Sébastian trug sein Stahlross über die Schwellen. Ich wollte das gleiche tun, aber mein Velo war zu schwer. Ich blickte zurück. Was ich sah, erstaunte mich keineswegs: Auf meinem Gepäckträger sass – ein Kind!
Noch am selben Morgen fuhr ich mit dem Fahrrad in die Stadt und kaufte mir ein sehr schönes, grosses, leeres Buch. Der Traum vom Kind auf dem Gepäckträger steht noch heute auf der vordersten Seite. Viele andere Träume folgten.

In einer deutschen Zeitung stiess ich auf den Bericht über einen öffentlichen Vortrag. Da hiess es: Die Uraufgabe der Frau ist die Erhaltung der Art und der Rasse. Alles andere ist sekundär. Wenn eine Frau dazu nicht fähig ist, so ist ihr ganzes Lebenswerk, vom biologischen her gesehen, unerfüllt. Demzufolge ist auch die Nichtreproduktion der Frau pathologisch. Ich war wütend.
Keinem Leiter einer Universitätsfrauenklinik dürften solche Sätze Ende des 20. Jahrhunderts über die Lippen kommen.
Warum hatte keine der Zuhörerinnen protestiert, auch wenn sie selber nicht betroffen war?

Pathologisch, hatte der Professor gesagt.
Zur Sicherheit schlug ich den Duden auf. Pathologisch: krankhaft.
Da war es wieder,
das Wasser auf meine Schlechttage-Mühle,
das Wasser auf die Ein-Kind-um-jeden-Preis-Mühle,
das Wasser auf die Gen-Technologen-Mühle.

Ich setzte mich an den Computer und schrieb wild drauflos:
Sehr geehrter Herr Professor Semm, in Ihrem Vortrag über die nicht-reproduktionsfähigen Frauen haben Sie, ein Mann (ein Ehemann? Ein Vater?) kein grundsätzliches Wort verloren über die Männer.

Ich verstehe, das ist nicht Ihr Fachgebiet! Es hätte den Zusammenhang Ihres Vortrages gesprengt, hätten Sie über jene Männer reden müssen, die unsere Welt regieren und sie so hergerichtet haben, dass Männer und Frauen keine Kinder mehr haben wollen. Sie haben bestimmt nicht diejenigen Männer und Frauen gemeint, die keine Kinder haben können. Vor allem haben Sie sich nicht in jene Frauen hineingedacht, deren Ehemänner biologisch nicht funktionieren.

Wenn eine Frau kein Kind zur Welt bringen kann, ist das ein Problem, dass das Ehepaar betrifft und von beiden gelöst werden sollte. Wenn der Körper eines Mannes keine Spermien erzeugt, ist das nicht seine Schuld. Das Wort Schuld dürfte gar nicht existieren in diesem Zusammenhang. Und auch, um in Ihrem Jargon zu reden, Herr Professor, wenn die Frau nicht «reproduktionsfähig» ist, sollte sie sich hüten, die Sündenbockrolle auf sich zu nehmen.

Wenn ich Ihnen, sehr geehrter Herr Professor, zum Schluss noch einen Vorschlag machen dürfte: Denken Sie sich, wenn Sie zufällig einmal keine Vorträge halten oder keine Kinder zur Welt bringen helfen, doch in eine unfreiwillig kinderlose Frau hinein, geradeso, als gehörten Sie selbst zu dieser Gattung Menschen.

5.

Sébastian suchte seine Wurzeln. Mir fiel auf, wie er eine Zeitlang häufig in jenes Landstädtchen zurückkehrte, wo er mit seinen Eltern gewohnt hatte, bevor die Familie ins französischsprachige Afrika gezogen war. Ich wusste, dass Sébastian als junger Student für eine Landzeitung geschrieben hatte und dass er häufig Gast gewesen war am Stammtisch der beliebtesten Städtchenbeiz.

Céline, fragte mich mein Mann eines Abends, habe ich dir eigentlich die Geschichte vom Ausländer am Napf schon einmal erzählt? Ich schüttelte den Kopf und setzte mich erwartungsvoll aufs Sofa.
Sébastian holte den Ordner mit der Aufschrift Zeitungsartikel und begann zu lesen:
Ich hörte vom Ausländer zum erstenmal im St. Joder. Jedes Jahr im Frühling taucht er auf, sagte am Stammtisch sein Meister. Er ist ein guter, einer, den man gebrauchen kann. Er wacht, wenn ich's befehle, nachts bei den Kühen, bevor sie kalben, und am andern Morgen liegt er nicht bis um sieben im Nest. Er ist kein Ungerader, sagte der Meister. An Maria Empfängnis geht er wieder, mit Sack und Pack, im Bummelzug ab Willisau. Jaja, der Ausländer ist ein guter.
Eines schönen Herbsttages wurde der Meister angeschossen. Auf der Jagd, in den Wäldern des Napfs.
Am 8. Dezember jenes Jahres, als der erste Bummelzug in der Früh wie gewöhnlich zwei Minuten im Städtchen hielt, stieg der Ausländer nicht ein. Er hatte, auf Geheiss der Tochter, dem einzigen Kind, in der Sternmatt die Stelle des Meisters eingenommen.
In der Not frisst der Teufel Fliegen, sagte man am Stammtisch, und an der Lichtmess wusste man es bis hinunter ins Tal, dass die Sternmatt-Tochter mit dem Ausländer ging.

Dass der Ausländer ein guter war, einer, der zupacken konnte auf dem Feld und im Stall, dass wussten alle. Aber zu heiraten, sagten sie im St. Joder, hätte sie ihn nicht gebraucht, wo es doch so viele Bauernsöhne gab, die sich für einen solchen Hof und eine solche Tochter die Finger geschleckt, das Chüejergwändli und das Sennenchäppi angezogen hätten und dem Echo vom Napf beigetreten wären.
Den Hinterländerdialekt konnte der Ausländer schnell. Überhaupt war er ein Glehriger. Er will einer von uns werden, sagten sie am Stammtisch und hielten Rat, was sie ihm am 1. April zleid werken wollten.
Dann wurde der Ausländer für eine Zeitlang nicht mehr erwähnt. Wozu auch?
Letzten Sommer stieg ich mit Fotoapparat und Aufnahmegerät auf den Napf. Es lief mir gut und rasch hatte ich alles Notwendige in den Kästen. Während ich durch die Matten heimging und über meinen Auftrag für die Lokalzeitung sinnierte, stand ich unvermittelt vor ihm.
Ich hob zum Gruss die Mütze und er machte ein Zeichen, das ich als Aufforderung zum Sitzen verstand.
Eine Zeitlang sassen wir schweigend auf der Bank vor der Tenne und schauten den Hühnern zu, die unaufhörlich und ohne aufzusehen im noch jungen Grase pickten.
Wie heissen Sie?, fragte ich aus Verlegenheit und weil ich tatsächlich nicht wusste, wie der Ausländer hiess.
Fernandez.
Und?
Fernandez schaute mich an.
Ich überlegte.
Wie, wie geht es Ihrer Frau?, sagte ich schliesslich, weil ich dachte, dieses Thema wäre ihm von allen unangenehmen das angenehmste.
Fernandez schwieg.
Ich klopfte mit dem Fuss auf den Grasboden.

Er habe gemeint, begann Fernandez auf einmal, er habe gemeint, Frauen würden dies besser ertragen.
Meine Zehen in den Wanderschuhen kribbelten.
Im letzten Jahr habe er sich nie mehr zu seiner Frau gelegt, fuhr Fernandez fort, sie hätte dies nicht gewollt und er hätte bestimmt nicht gekonnt.
Sicher, ein kleines Freudchen hätte er sich schon gegönnt, er sei auf die Kilbi ins Städtchen gegangen, habe getanzt und sich mit den Mädchen amüsiert. Auch wenn er Bier um Bier in sich hineingeleert habe, habe er doch bemerkt, wie die Serviererinnen hinter seinem Rücken über ihn getuschelt und gekichert hätten und auf dem Heimweg sei alle Freude verflogen und er habe sich noch mehr geschämt, als er sich ohnehin schon schämen täte.
Fernandez schwieg, bückte sich nach vorn und strich dem Hund über den Rücken.
Dann sagte er: Nichts hilft, wenn man nicht einmal das kann als Mann.
Wenn man auf einem Bauernhof keinen Erben zustande bringt.
Ich schwieg, war verlegen.
Plötzlich stiess mich Fernandez in die Seite. Ob der junge Reporter vielleicht Hunger habe? Oder Durst? Sie müssten nicht einmal zu ihr ins Haus hinüber. In der Tenne habe er sauren Most versteckt und Willisauer Ringli, hahaha!
Zum erstenmal hörte ich Fernandez lachen.

Sébastian klappte den Ordner zu. Bis heute, sagte er, ist mir nie mehr ein Mann begegnet, der offen über seine Sterilität geredet hat.
Ich legte meinen Arm um Sébastians Schulter und fragte: Hast du diese Geschichte tatsächlich veröffentlicht?
Nein, entgegnete Sébastian, über männliche Unfruchtbarkeit spricht Mann nicht.

Weil er sich selbst einigen Untersuchungen hatte unterziehen müssen, wusste Sébastian, dass die Ärzte der männlichen Unfruchtbarkeit noch weitgehend rat- und hilflos gegenüberstanden. Das hinge nur bedingt mit der mangelnden Forschung auf diesem Gebiet zusammen, erklärte mein Mann. Die Samenproduktion sei bekanntlich eine zelluläre, organische Körperfunktion und einmal aufgetretene Störungen wären meist irreversibel.
Weshalb es heute vermehrt zu solchen Störungen komme, darüber seien sich die Experten uneinig. Unbestritten sei lediglich, dass Qualität und Menge der Samenzellen immer mehr abnehme. Wie grossangelegte Untersuchungen an den Universitäten zeigten, wirkte sich die explosionsartige Zunahme der Chemikalien in der Umwelt, die Umweltverschmutzung allgemein äusserst negativ auf die empfindliche Samenproduktion aus.

Interessanterweise war es in den folgenden Wochen Sébastian, der immer neues Material zur männlichen Unfruchtbarkeit sammelte.
Zuerst stiess er auf ein berühmtes historisches Beispiel: Wegen einer Phimose (Penisvorhautverengung) war es Ludwig XVI über zwei Jahre hinweg nicht möglich, Kinder zu zeugen, ja, er konnte in dieser Zeit die Ehe mit Marie Antoinette gar nicht vollziehen.
Oder da war die weitaus tragischere, aktuellere Geschichte vom dänischen Charterkönig Simon Spies. Dieser hatte seiner jungen, vollbusigen Gespielin mehr als 100 Millionen Franken vererbt, als er mit 62 Jahren starb. Das frühere Kassenfräulein Janni wurde auf einen Schlag zur Alleinbesitzerin des grössten skandinavischen Ferienkonzerns. So wollte Spies seiner Janni dankbar sein, dass sie sich mit ihm eingelassen hatte, ihm, der zeitlebens darunter gelitten hatte, dass er keine Kinder zeugen konnte.

Bei ungewollter Kinderlosigkeit wird jede Partnerschaft auf eine harte Probe gestellt, die in letzter Konsequenz auch mit einer Scheidung enden kann. Ein prominentes Beispiel war die Ehescheidung des Schah Reza Pahlavi von Kaiserin Soraya in den fünfziger Jahren. Der Perserschah entliess Soraya, weil sie ihm nach fünf Ehejahren noch immer nicht den ersehnten Thronfolger geschenkt hatte. Wie hätte Soraya entschieden, wenn der Schah nicht zeugungsfähig gewesen wäre. Wäre sie in diesem Fall auch an die Öffentlichkeit getreten?

Sébastian fand einen Hinweis über Kinderlosigkeit in fremden Kulturen. In den Gebirgsdörfern von Bali konnten kinderlose Männer und Frauen die zweithöchste Stufe der gesellschaftlichen Hierarchie erreichen.
Was für ein wundervoller, tröstlicher Gedanke für uns: Menschen wurden wegen ihrer Kinderlosigkeit sogar geehrt! Die indonesische Götterinsel wurde uns aus diesem Grund sehr sympathisch und reizte zum Besuch.

Wer ein Kind hat, behauptete Sébastian, der kann der Umwelt auch sexuelle Potenz dokumentieren.
Ich nahm an, dass dies stimmte, weil allgemein sexuelles Versagen nicht nur als individueller, sondern auch als gesellschaftlicher Makel empfunden wurde. Durch die Geburt eines Kindes wurden die Mutter und der Vater auch in ihrer Geschlechtsidentität bestärkt.

Sébastians Freund war Arzt auf dem Lande. Nach seiner Erfahrung stimmte es nicht, sagte Patrick, dass es unwesentlich sei, ob ein Mann oder eine Frau unfruchtbar seien. Frauen würden diese «Krankheit» öfters freiwillig auf sich nehmen, gerade so, als wäre es einfacher, einen eigenen Mangel zu bejahen, als sich zuzugestehen, mit einem Mann verheiratet zu sein, der nicht einmal «Kinder machen» könne.

Warum wohl, fragte mich Patrick, fühlen sich Frauen auch für die Kinderlosigkeit verantwortlich, wenn der körperliche Mangel bei ihrem Partner liegt? Weil ich keine Antwort wusste, stellte ich Patrick eine Gegenfrage: Ist der Kummer einer vergeblich auf ein Kind wartenden Frau grösser oder kleiner als der Kummer ihres Partners?
Schmerzen vergleichen ist müssig, meinte Patrick. Eine Frau, die keine Kinder bekommt, wird bemitleidet, sie findet Mittel und Wege, um doch auf irgendwelche Art Mutter zu sein. Beim Mann hingegen darf diese Tatsache gar nicht erst an die Öffentlichkeit kommen, weil man ihn sonst hänselt und verspottet.

Sébastians Vater hatte seine besten Jahre mit Frau und Kind im Ausland verbracht. Ihm war wohl unter den Andersfarbigen, Andersdenkenden.
Stets war mein Schwiegervater ein Sammler gewesen und hatte Ausschau gehalten nach alten Stichen und Wappen. Seit seiner Pensionierung war er oft mit seinem Schulfreund, dem Heraldiker, zusammen. Dieser brachte ihn auf die Idee, auch den eigenen Stammbaum zu erforschen.
Sébastians Vater wurde zum Ahnenforscher. Er war sehr stolz, dass er seine Vorfahren, in unendlicher Kleinarbeit und keine Kosten scheuend, bis ins 14. Jahrhundert zurückverfolgen konnte. Er kannte nicht nur ihre Namen, sondern vereinzelt auch deren Lebensgeschichten.
Unter Sébastians Ahnen waren nebst unauffälligen Bürgerinnen und Bürgern, ein paar einflussreiche Geschäftsleute, ein geistesverwirrter Kunstmaler, der nach der Geburt seines neunten Kindes starb, ein paar Bauern, zwei oder drei Nonnen, von denen eine Äbtissin war, ein früh verwitweter, dann wieder verheirateter Mann, der, so munkelte man, da und dort für ein Uneheliches habe bezahlen müssen.
Diese Liebes-Kinder, erzählte mein Schwiegervater lachend, würden natürlich im Stammbaum fehlen.

Auch den Mythos vom sagenhaften Kinderreichtum hatte die historische Familienforschung längst widerlegt. Man hatte herausgefunden, dass die Geburtenzahl nicht gleichgesetzt werden konnte mit der Zahl der Heranwachsenden.
Tatsächlich wuchsen in Bauernfamilien schon aus Erbschaftsgründen kaum mehr als zwei bis drei eigene Kinder heran, bei Handwerkern eher noch weniger. Allerdings waren diese Familienformen auch offen für nicht verwandte Pflegekinder und unehelichen Nachwuchs der Mägde ...
Historische Darlegungen über die Zeit vor der Aufklärung wiesen darauf hin, dass man Babys und kleine Kinder vernachlässigte; man wollte gar keine haben oder zumindest ihre Zahl reduzieren. Wirtschaftliche Erwägungen und Existenznöte der Mütter waren die hauptsächlichsten Gründe.
Man vergnügte sich mit den kleinen Kindern wie mit einem ungesitteten Äffchen, sagte Sébastians Vater. Wenn ein Kind starb, was häufig vorkam, mochte dies den einen oder andern betrüben, doch in der Regel machte man davon nicht allzu viel Aufhebens, weil bald ein anderes seine Stelle einnehmen würde.
Im 17. Jahrhundert gab es keine Aussetzungen mehr wie im alten Rom, der Kindesmord wurde bestraft. Dennoch wurde er heimlich häufig praktiziert und als Unfall getarnt: Die Kinder starben im Bett der Eltern eines natürlichen Erstickungstodes.

Mit Sébastian und mir wurde das letzte Kapitel der Familiengeschichte geschrieben.
Buch zu.
Ende.
Ende?

6.

Manchmal, wenn mein Schwiegervater uns besuchte und Sébastian und ich nebeneinander am Tisch sassen, legte er seine Hände auf unsere Schultern.
Diese Geste war wie ein Segen und wir fühlten uns mit dem Vater und allen Vorfahren verbunden.

Meine Schwiegermutter wünschte sich sehr, Grossmutter zu werden. Die scheinbar zufälligen Bemerkungen schmerzten. Innerhalb der Familie war Kinderlosigkeit noch schwerer zu ertragen als ausserhalb. Wir entschlossen uns daher, mit Sébastians Eltern über das Resultat unserer medizinischen Abklärungen zu sprechen.
So sassen wir eines schönen Sonntags beim festlich gedeckten Mittagessen in unserer Wohnung. Sébastian und ich warfen einander immer wieder fragende Blicke zu. War jetzt der richtige Zeitpunkt zum Sprechen? Oder erst beim Kaffee? Oder auf dem gemeinsamen Spaziergang am See?
Im Grunde genommen gab es nicht viel zu sagen: Wir bekamen aus medizinisch erklärbaren Gründen keine Kinder. Basta.

Im Nachhinein waren Sébastian und ich so erleichtert, dass wir uns gar nicht mehr erinnerten, wie die Eltern unser «Geständnis» aufgenommen hatten. Ich glaube, die Mutter hatte tief geseufzt und der Vater ein paarmal genickt.
Wahrscheinlich hatten sie es geahnt.
Nach diesem für uns so erbangten Gespräch spürten wir, dass der Schmerz unserer Kinderlosigkeit von den Eltern mitgetragen wurde. Manchmal hatte ich das Gefühl, dass es meine Schwiegermutter war, die sich jetzt vor ihren Kolleginnen und Nachbarinnen schämte – weil sie nicht Grossmutter werden konnte.

Auch wenn ich in meinem Beruf ausgefüllt war, stellte ich einen Teil meiner Kraft in den Dienst der Öffentlichkeit. So war ich jahrelang Vertreterin im kantonalen Kirchenparlament. Ich befasste mich wie die andern 170 Mitglieder der Synode mit Bau- und Annuitätenbeiträgen von einzelnen Kirchgemeinden, mit dem Reglement der Pensionskasse für kirchliche Mitarbeiter, mit der Errichtung einer Stiftung für ein ökumenisches Institut, mit Motionen zur Änderung des Lastenausgleichsgesetzes, mit Postulaten und Interpellationen, die Religionsstunden nicht auf den freien Nachmittag zu verlegen. Mit Freude engagierte ich mich in einer Kommission für kirchliche Frauenfragen.

Den Ratsbetrieb empfand ich nach einer gründlichen Einarbeitungszeit als spannend.

Nur einmal, am Ende einer sechsstündigen Debatte, schweiften meine Gedanken zu einem intensiven Tagtraum ab. Wenn ich mich umschaute, hielten auch andere Ratsmitglieder ihre Ohren nur spältchenbreit offen und verharrten auf ihren Sinnierwegen. Flüsterte nicht gerade ein gütiger Engel dem Kaplan in der vordersten Reihe die Sonntagspredigt ein?

Ros Kühn Taucher, ein langjähriges Mitglied der Synode, hätte von ihrem Platz aus über die Wadenkrämpfe der saudiarabischen Ölscheichs sprechen können oder über die Gefahren der florentinischen Taubenvermehrung, es schien, als hörte ihr niemand zu.

Ich träumte und spielte mein köstliches Spiel weiter.

Zwar entsprach es der Tatsache, dass Ros Kühn Taucher einen flüchtigen Blick warf auf das goldene Kruzifix über dem Präsidentenstuhl, dass sie nochmals mit spitzem Finger den roten Knopf fürs Mikrofon betupfte und dass sie sich langsam in ihren Sessel fallen liess, aber den Schlusssatz ihres Votums schob ich Frau Kühn Taucher frech in den Mund: Aus den genannten Gründen, meine Damen und Herren, beantrage ich Ihnen die Schaffung eines Findelkinderkastens!

Mein Spiel glich jetzt einem Comicfilm, in dem aus den Mündern der Abgeordneten erbsenförmige Sprechblasen quollen, gefüllt mit rasch hingeworfenen Druckschriftsätzen und schwarzen Fragezeichen. Der Vorsitzende des Kirchenparlamentes ergriff zwar nicht die Sprechblasen, doch immerhin das Wort. Leider, meinte der kirchenmausgraue Herr höflich, leider sei die Fragestunde am Ende der Session nicht der richtige Ort für Anträge, Frau Kühn Taucher möge dies zur Kenntnis nehmen.
Die Abgeordneten warfen ihre Akten wie heisse Kartoffeln in die Mappen und drängten den Ausgängen zu.
Jemand öffnete die Seitentüre.
Das Sprechblasenheer platzte.
Draussen im Gang, Kopf an Kopf, standen weiss gekleidete Frauen mit Binden über Augen und Stirn.
Man versuchte vergeblich, sich durch den Harst der stirn- und augenlosen Frauen durchzuboxen, und die ansonsten für redselig bekannten Ratsmitglieder verstummten, als durch die Wandelhallen ein grässlich greller Flötenton schrie.
Die weiss gekleideten Frauen nahmen ihre Binden von Augen und Stirn und teilten sich auf. Alle Abtreiberinnen machten nun eine Drehung nach links und die ungewollt Kinderlosen, die sich bis anhin versteckt gehalten hatten, setzten sich würdevoll und gemächlich mit ihren Transparenten nach rechts in Bewegung.
Anderntags, so träumte ich, schlachtete die Boulevardpresse den Antrag der letzten Rednerin genüsslich aus. Kirche gegen Kinder hiess die Schlagzeile, welche unbekümmert daherkam und sämtliche Kaugummi-, Glacé- und Zigaretten-Kunden an den Kioskaushängen des Landes anlächelte.
Zu dieser Zeit waren Ros Kühn Taucher und ihr Mann, Al Taucher-Kühn, schon ennet der Alpen. Sie verwirklichten dort ihre Findelkastenidee. Notabene mit Unterstützung der Kurie und der Bischöfe. Die strenggläubigen Italienerinnen dankten

Gott auf den Knien für die Wiedereinführung des mittelalterlichen Brauches; denn gerade zu dieser Zeit bekräftigte seine Heiligkeit, der Papst in seiner allmorgendlichen Rundfunkansprache das Pillenverbot.
Selbst den frommen Italienern sei die Findelkinderkastenlösung billig, hiess es in der hiesigen Boulevardzeitung, fühlten sich doch viele dieses Männerschlages bis ins hohe Greisenalter als potentielle Väter.
Das Nonnenkloster im südlichen Italien wurde zu einem Ausflugsziel. Stets, wenn ein unerfahrenes Mädchen über voluminöse Bauchvergrösserungen klagte, lachte ihr Liebhaber: Geh den Nonnen opfern!
Und hierzulande erfand der «Moment» eine neue Schlagzeile: Italienische Babies für den Schweizermarkt.

Hat jemand noch Fragen?, fragte der Vorsitzende der Synode.
Ich hatte keine. Und schämen für meinen Findelkinderkasten-Tagtraum tat ich mich auch nicht.

Unter der Haustüre trafen wir unvermittelt aufeinander, Sébastian, bepackt mit Heften und Büchern, die sich lichtenden Haare vom Winde zerzaust, ich, in Jeans, schwarzer Lederjacke und Tieraugenseidentuch. Ich vermochte die Plastiktüten und Papiersäcke kaum zu halten. Sébastians strenge Falte über der Nasenwurzel war, wie ich wusste, ein Zeichen seiner Müdigkeit.
Hallo, sagte Sébastian freudig und küsste mich. Ich presste mein linkes Knie gegen die Haustür, damit sie nicht ins Schloss fiel.
Tschüss, Sébastian, ich muss leider gehen.
Was hast du vor?, fragte mein Mann verwundert.
Auf dem Zettel im Esszimmer steht es geschrieben, antwortete ich kurz und bückte mich, um einen zwischen meinen Beinen am Boden stehenden Plastiksack mit zwei Fingern aufzu-

heben und ihn mit dem Ellenbogen an die rechte Brust zu pressen.
Ich habe für dich Käse gekauft, Sébastian, und Roggenbrot!

Unsere Wege trennten sich.
Später, beim gemeinsamen Erzählen, kam es uns vor wie in einem Film: Ein Mann und eine Frau als Akteure an zwei verschiedenen Schauplätzen.

ER ging langsam und sehr nachdenklich hinauf in die Wohnung. An seiner Feierabendlaune stiegen Gewitterwolken auf. Gruss Céline. Das war das einzige Handschriftliche, das auf dem lilafarbenen Blatt mit den vielen Daten zu finden war. Übermalt war mit grellem gelbem Leuchtstift «Stabpuppenkurs, Beginn 18 Uhr».
Während der Mann vom Kühlschrank ins Esszimmer, vom Esszimmer in die Stube und von da wieder zum Kühlschrank ging und das Früchtejoghurt samt dem lilafarbenen Zettel mit sich trug, redete er halblaut und missmutig vor sich hin: Was ist nur in sie gefahren? Wir haben doch gestern Abend davon gesprochen, dass wir ins Konzert gehen, für das «Brandenburgische» wollte sie doch unbedingt Karten auftreiben.
Der Schlechtelaune-Pegel des Mannes stieg. Meine Frau, dachte er, ist unberechenbar geworden. Hatte ihre Launenhaftigkeit mit ihrer Art Schwangerschaft zu tun?
Musik. Vielleicht half Musik. ER ging ans Spinett, spielte eine bekannte Melodie, improvisierte, schloss den Deckel, legte eine CD auf, holte Käse, Brot und Wein, eine andere CD, ein zweites Glas Wein.

Kurslokal. Altes Schulhaus. Klinkerböden. Muffiger Schweissgeruch.
SIE schaute sich um. Ob sie eine der vielen Kursteilnehmerinnen kennen würde?

Die Frau hörte die Anweisungen der Kursleiterin, stapelte den Inhalt ihrer Tüten und Säcke auf den alten Holztisch neben ihr, betrachtete die Berge von Stoffresten, Papier und Kleister, Knöpfe und Faden, den Holzstab.
Die andern Kursteilnehmerinnen begannen bereits tuschelnd und kichernd aus Papiermaché Köpfe zu formen, die Kasperlifiguren ungelenker Kindergartenschüler ähnelten.

SEINE Flasche war leer, die Musik zu Ende.

Mit fiebrigem Blick malte SIE Köpfe, Köpfe und immer wieder Köpfe. Der Zeichenblock füllte sich.
Kleine Sébastians.
Kleine Célines.
Kleine Sébastian-Célines.
Kleine Céline-Sébastians.
Eine ganze Kinderlandschaft.
Wieviele Entwürfe zeichnen Sie noch?, fragte die Kursleiterin ungeduldig.
Die Zeit verrann.

Nächster Morgen. Ihre Hände umklammerten die wärmenden Teetassen.
SIE stand auf, holte einen Plastiksack, kramte umständlich darin und streichelte schliesslich behutsam über den fast fertigen Puppenkopf. SIE fragte: Wie gefällt dir das?
Mir scheint, diese Puppe bräuchte tiefer liegende Augen, antwortete ER, grössere Ohren, den Mund rosiger.
So?, fragte SIE, was noch?
ER runzelte die Stirn und schwieg.
SIE hob scheu und verlegen wieder zum Sprechen an: Gestern versuchte ich, unsere nie gezeugten, nie geborenen Kinder zu zeichnen und zu modellieren. Ich wollte mir vorstellen, wie diese kleinen Sébastian-Célines aussähen. Sie glichen uns. Tatsäch-

lich uns beiden. Ich freute mich an ihnen, bis eine junge Mutter sagte: Ein Kind hat die Macht, Erwachsene umzuformen.
ER nickte.
SIE holte eine leere Flasche und stellte den Stab mit der Puppe hinein. Eine Woche oder zwei betrachteten sie beim Essen das unfertige Puppengesicht.

Sébastian und ich liebten unsere Freunde.
Wir schrieben und erhielten von Nicolas lange Briefe.
Ines fuhr mit in die Berge.
Dorette kam auf Besuch.
Aline und Kaspar luden uns zum Geburtstag ein.
Sébastian besuchte mit Patrick medizinische Kongresse.
Wir unterstützten Mireille in ihrer politischen Arbeit.
Ich traf mich mit Borissa zum Wandern, zum endlos Diskutieren.
Die Freundschaft wog viel in der Waagschale der Lebensfreude. Sie war ein Netz mit starken Fäden und engen Maschen und bewahrte uns vor dem Fall.

Nach der Party bei Patrick war Sébastian sehr nachdenklich. Hoffentlich enden wir nicht so wie Gregory und Leandra, meinte er sorgenvoll.
Jemand behauptete, es sei so gekommen, weil sie keine Kinder bekommen konnten, sagte ich. Darum der ewige Streit, darum Gregorys Hobby, das verrückte.
Sébastian wusste, dass Gregory und Leandra nicht nur auf Partys, sondern auch daheim tanzten, bis ihnen der Schweiss wie Öl aus ihren Poren triefte und der Atem zum Hecheln verkam. Erst wenn die Hochzeitskuckucksuhr eine neue Stunde rief, gestanden sie sich zu, kraftlos in den Diwan zu sinken, der früher ihr Liebesnest gewesen war.
Auf Partys war Show-Dance ihre Nummer. Gregory zierte sich meist eine Weile, schaute tief in sein Glas, rülpste in sich hin-

ein und hob dann die Arme, als wäre er Karajan the greatest himself.

Schon die ersten Schritte des Paares entlockten das Smalltalk-Geplapper. Man zeigte sich gebildet und verglich die Tanzenden mit Jean Tinguelys «Metaharmonie»: Habt ihr gesehen, sagten die Partygäste, wie sich die einzelnen Teile zu einem Ganzen bewegen, ohne dass man den Ursprung des Antriebes kennt?

Stets klatschten die Partybesucher begeistert und Singles wie Verheiratete träumten beim Anblick der einschmeichelnden Bewegungen von jener höchsten Stufe der Harmonie, die die meisten Paare erst im Himmel erreichen.

Daheim war let's dance das erlösende Wort, wenn Leandra in südländischer Lautstärke geschrien und der Mann auf die Fragen seiner Frau keine Antwort mehr wusste. Seine Muttersprache zu Hilfe nehmend, sprach Gregory dann ungewöhnlich laut: Leandra, let's dance, und die Frau, siegesgewiss, willigte ein und blökte wie ein duldsames Lamm: Ecco, Signore.

Rascher als er erholte sie sich vom Tanz und schüttete noch im Diwan hängend den bereitgestellten Chianti die Kehle hinunter, um mit Elan zum neuen Angriff zu blasen: Der Teufel soll dich holen und deine heiligen Kuckucksuhren dazu, krähte Leandra, hörst du, il diavolo!

In Momenten wie diesen blieb Gregory meist stumm; nicht, weil er sich vor dem Gehörnten gefürchtet hätte, nein, er schwieg, weil er keine Kraft mehr hatte für das einzige mögliche Wort und was darauf folgte.

Die Frau nutzte die Gunst ihrer Stunde, verfluchte zum hundertsten Male sämtliche von ihrem Mann während Jahrzehnten in Trödlerläden und auf Flohmärkten aufgekauften Kuckucksuhren, sie tobte wie eine Wilde und erhöhte Gregorys Uhren zu Heiligen, die sein Denken beherrschten, immer mehr Geld in Anspruch nähmen, so dass selbst ihre jungfräulichen Verkaufs-Chefinnen-Batzen nun zu schmelzen begännen wie Schneereste im Mai.

Leandra, hauchte der Mann meist nach geraumer Zeit, bitte sei gerecht. Die wertvollsten Uhren habe ich geschenkt bekommen, einige sind bloss zur Begutachtung hier und im Gesamten sind es lumpige drei Dutzend.

Du lügst, es sind mehr, behauptete die Frau, obwohl sie weit davon entfernt war, die in allen Räumen des Hauses verstreuten Heiligen ihres Angetrauten jemals zu zählen.

Der Höhepunkt jedes Kampfes war Leandras spitzer Satz: Gregory, du trennst dich von ihnen, oder ich trenne mich von dir!

Natürlich hätte der Mann dann am liebsten let's dance, das Zauberwort gesprochen, doch dies wirkte, wie das Paar seit Jahren erfahren hatte, bloss ein einziges Mal jeden Tag. Den beiden blieb also nichts anderes übrig, als sich in zwei Zimmer zu verziehen und in tiefster Beleidigung zu warten, bis die Sonne unter- und wieder aufgegangen war. Oder aber sie hatten Glück und es gab am selben Abend einen Auftritt der Tinguely-Maschine im Freundeskreis.

Als im Laufe der Jahre die häuslichen Tänze zur Alltäglichkeit verkamen, sagte Gregory an einem Karfreitag beim Fisch: Leandra, jetzt sind es bloss noch zwei Dutzend.

Zwei Dutzend?, entgegnete scharf seine Frau. Und was ist mit jenen, die du an Pfingsten erhältst? Ich höre schon den Lärm, den sie machen, deine Heiligen, die verdammten.

An jenem Karfreitag erhitzte sich Gregorys Lauwettergemüt rasch. Leandra, lamentierte er bedrohlich, meine Heiligen machen so wenig Lärm wie das in einzelne Flammen zerrissene Feuer, das an Pfingsten über die Apostel herfuhr.

Unerwartet schritt der Mann, trotz Karfreitag und heiliger Grabesruhe, zum kräfteraubendsten Tanz aller Zeiten.

Auf den Karfreitagstanz folgte der Karsamstagstanz und als am Ostermorgen die Frau alle Heiligen und Teufel beschwor

und Gregory schon das Zauberwort gesprochen und wie auf Partys die Arme in die Höhe gehoben, legte Leandra stumm das Messer zur Seite, mit dem sie soeben den Bärlauch geschnitten, zog ihren Mann zum Kochherd hin, wo drei Weisse aus Morgers Hühnerstall in der Wasserpfanne tanzten und sagte: Gregory, sieh, die Schalen sind zerbrochen.
Das war ihr letztes Wort.
Seines auch.
Die Scheidung ging schnell.

7.

Eine Zeitlang sah ich überall schwangere Frauen, dann achtete ich, ohne dass ich mir es vorgenommen hätte, auf Familien. Bilderbuch-Familien kannte ich einige, normale Durchschnittsfamilien noch mehr. Sie begegneten mir im Quartier, bei Verwandten, im Freundeskreis, in Büchern und Zeitschriften.
Einmal, nach Arbeitsschluss, spazierte ich eine Weile in der Altstadt hinter Familie A. her, die ich flüchtig kannte. Der Vater schob einen Kinderwagen, die Mutter schob einen Buggy. Neben jedem Wagen trippelte ein Kind, das sich auf wiederholten Befehl der Eltern mit der Hand an der Kinderwagenstange festklammern musste.
Keines der Kinder lachte, keines weinte, keines plapperte. Die Eltern redeten nichts.
Gespenstischer Ernst.
Ich ertappte mich dabei, dass ich mir vorzustellen versuchte, wie dieser Mann und diese Frau diese Kinder gezeugt hatten. Ich ertappte mich, o Schreck, als Gedanken-Voyeuse.

Das Mittagsschiff war trotz schönen Wetters nicht überfüllt. Ich zog die Jacke aus und verzog mich in einen windgeschützten Winkel. Am Kiosk hatte ich zwei Zeitungen und ein Sandwich gekauft.
Es gelang mir nicht, meine Augen und meine Ohren von einer auffälligen Familie abzuwenden. Die Texaner hielten sich auf dem Dampfschiff direkt neben der flatternden Schweizerfahne auf. Der Vater trug dunkelgestreifte Hosen, funkelnagelneue Wanderschuhe mit roten Schnüren. Der noch junge Mann hatte ein aufgedunsenes Gesicht und einen voluminösen Leib. Mutters Lieblingsfarbe war Pink: pink Baumwollhose, pink Nylonbluse, Hut mit rosa Schleife und Masche unter dem Kinn. Das Auffälligste an der überaus fettleibigen Frau waren

ihre Oberschenkel. Die um den Hals gehängte Wasserflasche hob und senkte sich auf der üppigen Brust. Der etwa zehn Jahre alte Sohn des Paares stand neben der Holzbank. Er trug ein giftgrünes Shirt und grüne, glänzende Turnhosen, die vorne und hinten spannten und jeden Moment zu platzen drohten. Das Auffälligste am bleichen Jungen waren seine spitzen, vorstehenden Zähne. Ich suchte krampfhaft nach einem höflichen Ausdruck für seinen Mund, doch es fiel mir nur ein sehr despektierliches Wort ein. Ich schämte mich dafür. Der Junge redete auf der ganzen Schifffahrt ununterbrochen auf den Vater ein, welcher in der grellen Sonne die Augen geschlossen hielt. Von Zeit zu Zeit öffnete der Mann einen Spaltbreit die Augen, als könnte er so besser hören. Dann fragte er in Richtung seines Sohnes: What?
Die Mutter sass auf ihrer Bank, teilnahmslos. Gegen Ende des Ausfluges begann sie hastig aus der Wasserflasche zu trinken. Schweissbäche hinterliessen tiefe Spuren auf den gepuderten Wangen.

Ich war eigenartig berührt. Wahrscheinlich ist die Natur schon gerecht, dachte ich, Kinderkriegen darf weder von der Schönheit noch von der Hässlichkeit der Eltern abhängen.
Der Badestrand war voller Kinder.
Kleine Kinder, auf dem Badetuch sitzend, schauten den Eltern zu, wie sie Fussball spielten. Kinder im Buggy mit verstellbarem Sonnendach, Kinder, die am Ufer im Sand gruben.
Ein nacktes Baby lag auf dem Schoss seiner Mutter.
Eben erst gehen gelernt hatten die Kleinen, welche ihre Väter dem Wasser entlang führten. Während die Köpfchen der Kinder sich umdrehten nach dem Glitzerspiel im offenen Wasser, stolperten ihre Füsschen über die Unebenheiten des Strandes. Als eines der Kinder zum drittenmal hinfiel, wurde es vom Vater sanft in die Höhe gezogen. Von hinten sah man einzig das Sonnenhütchen und eine kleine, weisse Kinderfaust auf

der nackten Schulter des grossen, schwarzgelockten Papas. Sébastians Blicke ruhten lange auf dem zärtlichen Vaterbild.

Die Herbstferien verbrachten Sébastian und ich mit den Familien unserer beiden Patenkinder. Geruhsam war, von Ausnahmen abgesehen, bloss die Zeit von Mitternacht bis morgens um sechs. Die Stunden dazwischen waren ausgefüllt mit Füttern und Windelnwechseln, kurzen Spaziergängen und langen Geschichten, mit Lachen und Trösten, Herumtollen und zärtlichem Kuscheln, mit Fragen Beantworten und Befehle Erteilen, mit Einschlafritualen und Aufwachzeremonien.
Das Ferien-Leben mit vier Kleinkindern war für Sébastian und mich ungewohnt, anstrengend und zugleich erholsam.

In der Vorweihnachtszeit redete alles von Hast und Eile. Bei uns war es an den Abenden ruhiger denn je. Wir mussten nicht in den Geschäften herumstöbern und, ausser für unsere beiden Patenkinder, keine Geschenke besorgen. Bei Kerzenlicht und Adventsmusik entwarf ich Karten und Sébastian schrieb lange Briefe. Wir schickten Geld in ein Entwicklungshilfeprojekt, das von Bekannten geleitet wurde. Vielleicht würden sich ein paar Leute in Afrika freuen, dass sie Geld für Nötiges und für einmal, weil Weihnachten war, auch für etwas Luxus zur Verfügung hatten.
Kurz vor Weihnachten erhielten wir ein paar Einladungen. Wir waren erfreut und gingen hin.
Nach den Feiertagen lag etwas Fades, Schales in meinem Gemüt. Dieses stete Herumreisen, diese Festlichkeiten mit den verschiedensten Leuten hatten mich nicht glücklich gemacht.
Weihnachten hatte sich bei den andern abgespielt.
Ich träumte von schlichten Feiern in unserer Stadtkirche und in den eigenen vier Wänden, ich träumte davon, wie es daheim nach Weihnachtsbäckereien duften würde, nach Kerzen und Tannennadeln; Sébastian würde sich ans Spinett setzen, die

vertrauten alten Lieder spielen, wir würden kleine Geschenke auspacken und ... ja, Kinderaugen würden strahlen.
Ach, wie ich diese verdammte Kinderlosigkeit hasste!

Borissa und ich besuchten einander häufig. Oft klammerten wir unser gemeinsames Thema aus und waren unbeschwert fröhlich.
Eines Tages brachte Borissa eine englische Zeitung mit. Auf der Frontseite war die Rede von zwei britischen Frauen, die stellvertretend für ein unfruchtbares Paar schwanger und dafür bezahlt wurden. Die Problematik der Ersatz-Mutterschaft löste in der Zeitung eine breite Diskussion aus. Ein Expertenteam verwarf die Praxis der Surrogat-Mütter als «ausbeutend und nicht weit weg von der Prostitution».
Ich erinnerte mich an eine Sendung am Schweizer Fernsehen. Da hatte eine zweifache Mutter ganz selbstverständlich erklärt: «Das Gefühl der Schwangerschaft ist so unbeschreiblich schön, dass ich gerne für ein kinderloses Paar ein weiteres Mal schwanger würde.»
Glaubst du, dass es auch bei uns Surrogat-Mütter gibt?, fragte Borissa. Ich zuckte die Schultern. Ich wollte es gar nicht wissen. Stattdessen stellten wir zwei Frauen uns unsere Lebenssituation in fünf, zehn, fünfzehn Jahren vor. Das war sehr spannend und aufregend.

Ich hatte den Auftrag übernommen, Werbung zu machen für ein neues Kindermöbelprogramm.
Kinder- Möbel! Ausgerechnet du?, fragte Borissa.
Ich erzählte ihr, dass ich in einem Buch auf die italienische Ärztin Maria Montessori gestossen sei, der Gründerin der berühmten Kindergärten. Maria Montessori hatte ihr ganzes Leben und Wirken der Reform der Kindererziehung gewidmet. Sie hatte aber verschwiegen, dass sie selbst Mutter eines Sohnes war. Sie, die von den Versäumnissen in den ersten Le-

bensjahren schrieb, sie, die forderte, man müsse Kinder von Anfang an mit Respekt behandeln, sie, die schon damals für das Stillen auf Verlangen eintrat, diese Frau hatte ihren Sohn Mario gleich nach der Geburt weggegeben, einer Amme aufs Land. In welchem Gefühlschaos musste Maria Montessori gesteckt haben!
Schon fast erwachsen, erfuhr Mario, wer seine Mutter war. Der Sohn durfte jedoch das Geheimnis nach aussen nicht lüften.
Hilf mir, es selbst zu tun. Dieser Leitsatz steht an allen Montessori-Schulen und -Kindergärten an oberster Stelle, ob sich diese nun in Westeuropa, in China, Japan, Indien, Australien oder in den USA befinden.
Und in den Büchern, die in mehr als zwanzig Sprachen übersetzt wurden, steht meist noch eine andere wichtige Aussage: Niemand kann frei sein, wenn er nicht unabhängig ist.
Die Montessori, auf ihrem Gebiet eine Autorität und für eine Frau der damaligen Zeit sehr erfolgreich, hatte das «Pech», kein Mann zu sein, der sich neben seiner Berühmtheit noch eine «kleine Affäre» leisten konnte.
Maria Montessori nahm später ihren Sohn mit auf alle Reisen, sie lebte mit Mario, «ihrem Neffen und Sekretär», zusammen bis zu ihrem Tod.
Lebenslügen gab es zu allen Zeiten, meinte Borissa.

Leider hatte die Kindermöbelfirma trotz meiner, wie ich meinte, träfen Werbe-Idee keinen grossen Erfolg.

Einmal führte mich Borissa, die historisch Interessierte, zurück in die Zeit der Hugenottenkriege. Wie lebten die Frauen während dieser Epoche?, fragte ich. Borissa verwies mich auf Katharina von Medici. Mir standen die Haare zu Berge, als Borissa zu erzählen begann:
Katharina wurde nach dem frühen Tod ihrer Eltern ihrem Cousin, Papst Clemens VII, zur Erziehung überlassen und im

Alter von vierzehn Jahren mit Heinrich II verheiratet. Als Kaufmannstochter aus Florenz hatte Katharina in Frankreich einen schweren Stand. Zudem musste sie über 20 Jahre lang Heinrichs Leidenschaft für die Geliebte Diana ertragen, die am Hof eine zentrale Stelle einnahm. Nach langjähriger Kinderlosigkeit, die man ihr dauernd zum Vorwurf machte, gebar Katharina dann innerhalb von zwölf Jahren zehn Kinder. Aus diesem Grunde wiederum war die Frau in den Augen ihrer Gegner eine «königliche Zuchtstute». Als Katharina dann nach dem Tod ihres Mannes für ihre Söhne die Führung in Frankreich übernahm, hatte sie weit über ihre offizielle Regierungszeit hinaus einen bedeutenden Einfluss.

Dass Elternschaft glücklich macht, ist eine Hypothese, sagte Borissa. Warum sollte man und frau nicht kinderlos und glücklich sein?
Ende der siebziger Jahre erbrachte eine grossangelegte Untersuchung dreier amerikanischer Wissenschaftler über die Lebenswahrnehmung und Zufriedenheit der US-Bevölkerung das überraschende Nebenergebnis, dass jene Erwachsenen beider Geschlechter am zufriedensten waren, die keine Kinder im Haus hatten: Junge, verheiratete Männer und Frauen, die noch keine Kinder hatten, kinderlose Ehepaare mittleren Alters und schliesslich Männer und Frauen, deren Kinder das Haus bereits verlassen hatten.

Simone de Beauvoir empfahl Frauen gar, auf Kinder zu verzichten. Sie selber leistete Verzicht und bereute nicht. War Kinderlosigkeit nicht oftmals die Voraussetzung für ausserordentliche Berufsarbeit? Obwohl dies niemand bezweifelt, messen sich Frauen noch heute und werden gemessen am Bild der «guten Mutter» und ganzen Frau, zu der Mütterlichkeit und Mutterliebe als normale weibliche Verhaltensweisen gehören. Frauen, die nicht diesem Idealbild entsprechen, gel-

ten vorschnell als Egoistinnen. Sie werden als Personen angesehen, die ihre Pflicht (noch) nicht erfüllt haben.
Wann wird Kinderlosigkeit als eine Lebensform unter vielen gewertet?

Weit mehr als an Männer richtet sich die öffentliche Kritik an kinderlose Frauen.
Die Kinderfrage ist auch heute noch eine Frauenfrage.
Ich erinnere mich, wie ich in den ersten Jahren unserer Ehe öfters auf die fehlenden Kinder angesprochen wurde. Sébastian hingegen fragte man nicht nach möglichen Kindern, sondern nach seinen Schülern, seinen Hobbys, seiner Einstellung zu Politik und Wirtschaft.

In einer Diskussion über die Mutterschaft, so erzählte mir Borissa, habe ihr eine Kollegin den Satz an den Kopf geworfen: Das kannst du nicht verstehen, du hast ja keine Kinder! Borissa, die Spontane, Mutige, habe geantwortet: Ja, ich bin leider kinderlos. Kannst du nachvollziehen, was das heisst?

Je länger meine Freundin und ich uns mit dem Problem der Kinderlosigkeit befassten, desto glücklicher schätzten wir uns, dass wir nicht vor hundert Jahren geboren worden waren.
Noch anfangs dieses Jahrhunderts war Kinderlosigkeit als Strafe gebrandmarkt: Im Büchlein Frauenwürde und Mutterpflicht von 1917 las ich: In weiten Kreisen ist die Ehrfurcht vor der Heiligkeit der Ehe verloren gegangen. Man will die ehelichen Rechte ausüben, ohne die ehelichen Pflichten auf sich zu nehmen. Zügelloses Begehren, kalt berechnende Habsucht und Selbstsucht, feige Scheu vor Mühen und Opfern führen dazu, dass man dem Schöpferwillen Gottes Trotz bietet, die Natur vergewaltigt und den Hauptzweck der Ehe vereitelt. Als Strafe folgt dann Unfruchtbarkeit oder die Kinderzahl wird vermindert.

In einem Gedichtband, den ich von meiner Grossmutter geerbt hatte, wurde die Glorifizierung der Elternschaft fast ins Lächerliche getrieben. Da stand auf der hintersten Seite:
Wo Kinder sind, o, da ist ew'ge Weihnacht!
Da blühet immer neu das Fest der Unschuld,
da sitzet die Mutter mit dem Kind am Busen,
da schwebet der Stern klar um der Hüter Giebel,
da singen Engel auf dem Dache laut,
ihr seliges Hosianna für die Hirten;
denn durch das Kind wird wieder Kind der Vater,
und nur als Kinder sehn wir Gott!

Zu einem unserer wöchentlichen Treffen brachte Borissa ein sehr dickes, blaues Buch mit. Sie hatte es auf dem Estrich gefunden und es war, laut handschriftlicher Widmung, ein Hochzeitsgeschenk für ihre Grosstante gewesen. Als Buchtitel stand in vergoldeter Inschrift: Höhenweg der Frau, ein Lebensberater für Töchter, Frauen und Mütter. Autor des 500-seitigen Werkes war alt Nationalrat Dr. med. Hans Hoppeler. Ganze zwei Seiten waren der kinderlosen Ehe gewidmet. Da hiess es: Für jedes gesund empfindende Ehepaar bedeutet das Ausbleiben des Kindersegens ein sehr ernstliches Leid. Wie sollte es nicht Leid bedeuten, wenn ein Segen, und erst noch ein so grosser, versagt bleibt? Für Gott ist es ein Kleines, die Ursache einer Kinderlosigkeit aus dem Wege zu räumen. Aber mit blossem Sorgen und Grämen ist es nicht getan, es will erbetet sein!
Wie aber, wenn das Gebet ohne Erhöhrung bleibt? Dann wird das Ehepaar sich klar werden müssen, dass es nicht in des Allmächtigen Willen liegt, ihm ein Kind zu schenken. Und es wird um Kraft bitten müssen, in solche göttliche Entscheidung sich ohne Murren zu fügen.
Ehe ohne Kinder! Eine schwere Last für ein kinderliebendes Paar! Und erst recht eine Last, da man bei vielen in den Ver-

dacht kommt, die Kinderlosigkeit sei gewollt! Und doch: Gott weiss, was er tut und kann auch dieses Kreuz zum Segen werden lassen. Nur ja nicht in einen gemütlichen Egoismus versinken, sondern helfende Hand anlegen, wo immer es möglich ist. Wie manches kinderlose Ehepaar ist durch seine Freigebigkeit und sein offenes Herz für eine grosse Verwandtschaft und weit darüber hinaus ein hilf- und freudespendender Zentralpunkt geworden!

Die heute über 90-jährige Zürcherin Esther Vogt war ein leuchtendes Beispiel dafür, dass Kinderlosigkeit tatsächlich die Voraussetzung für ein volles Engagement für hilfsbedürftige Kinder und Erwachsene sein konnte. Esther Vogt nahm den Schicksalsschlag der unfreiwilligen Kinderlosigkeit an, ohne gross zu hadern und kümmerte sich im Zweiten Weltkrieg, als ihr Mann in den Aktivdienst einrücken musste, um Flüchtlinge. Die Doktorin der Chemie betreute mit andern Helferinnen zusammen im Kanton Appenzell 500 jüdische Mütter mit ihren Kleinkindern.

Nach Kriegsende reiste Esther Vogt im Auftrag des Roten Kreuzes nach Frankreich, Holland und Österreich und holte dort Tausende von ausgehungerten, schwachen und gezeichneten Kindern für einen Erholungsaufenthalt in die Schweiz. 1956, nach dem ungarischen Volksaufstand, betreute sie, die selber ungarischer Abstammung war, Flüchtlinge aus ihrem Heimatland und sie nahm bei sich zu Hause ungarische Studenten auf. Als 1970 Tibeter in der Ostschweiz untergebracht wurden, war es nahezu selbstverständlich, dass Esther Vogt sie betreute. Überall wuchsen innige Beziehungen, tiefe Freundschaften.

Ist es nicht rührend, wenn eine unfreiwillig kinderlose Frau an ihrem Lebensabend sagen kann: Ich bin so glücklich, eine grosse Familie zu haben, obwohl ich selber nie Kinder geboren habe!

Der Apostel Paulus schrieb: Das Gebären hat Sühnecharakter und ist eine Folge von Evas Sünden.
Also, wenigstens in diesem Sinn haben wir nichts zu sühnen, spöttelten Borissa und ich und assen ein zweites Stück vom frisch gebackenen Apfelkuchen.
Danach blätterten wir in einer Frauenzeitschrift und lasen, dass die berühmte amerikanische Schauspielerin Sydne Rome, die mit einem italienischen Arzt verheiratet ist, im Alter von 42 Jahren ihren Wunsch aufgegeben habe, eigene Kinder zu bekommen. Sie hätte für ein Kind jederzeit ihre Karriere unterbrochen.
Ob das stimmte, wussten wir nicht, aber Tatsache war, dass unfreiwillige Kinderlosigkeit jede treffen konnte.

Dabei deckten sich Borissas Beobachtungen und die einer deutschen Bevölkerungsstatistik: In grossen Städten und höheren Sozialschichten blieben Ehen häufiger kinderlos. Es war aber nicht möglich, die freiwillig von den unfreiwillig Kinderlosen zu unterscheiden.

Für ein Kinderhilfswerk in Deutschland hatte Borissa eine Kollektion Weihnachtskarten entworfen. Ich fand sie toll, die feinen Striche, die aquarellartig übereinander geschichteten Figuren, doch Borissa erklärte, sie wolle weg von der Grafik, hin zur Malerei. Sie habe sich im nahen Ausland an einer Akademie für Bildende Künste eingeschrieben.
Trotz der Begeisterung ihres Partners für ihre Malerei habe sie selber diese Liebe immer verdrängt und nur nebenbei gemalt, weil sie sie lange nicht hatte ablegen können, die von ihren Eltern übernommene Meinung, Malen sei kein Brotberuf und unglückliche und schlechte Maler gäbe es wie Sand am Meer.
Jetzt wurde Borissa endlich Malerin. War das ihr «inneres Kind», das erst hatte gezeugt werden können, als feststand, dass sie körperlich nie Mutter sein würde?

Das Wichtigste im Leben einer Frau, schreibt Margaret Mead, sei jene Tätigkeit, die sie am meisten ausfüllt. In ihrem Falle war das die Forschungsarbeit als Ethnologin. Ungeheuer interessant offenbar, aber auch ungeheuer anstrengend.
Ich hätte Margaret Mead gerne persönlich gekannt, sie über ihren Beruf ausgefragt, wissen wollen, wie es dazu kam, dass sie sich von drei Männern hatte scheiden lassen. Vielleicht hätte Frau Mead mich ebenso neugierig gefragt, welches denn meine wichtigste Tätigkeit sei. Ich bin Grafikerin, hätte ich geantwortet, zudem wäre ich gern Mutter, obwohl ich nicht wusste, ob Muttersein unter Tätigkeiten einzureihen war.

Heutige Frauen haben viel zu tun.
Wenn sie Mütter sind. Und ebenso sehr, wenn sie nicht Mütter sind. Dann nämlich haben sie meist eine Lebensstelle ausserhalb der vier Wände und bauen ein Leben lang an ihrem Namen. Wenn sie verheiratet sind, werden sie eingestuft nach dem Prestige ihres Mannes, steigen oder sinken mit dem Ansehen des Partners.
Ich sehnte mich nie nach einer privaten Sonnenbestrahlung durch meinen Ehepartner. Ich hatte einen Beruf, den ich liebte, ich hatte eine eigene Karriere aufgebaut.
Warum, zum Teufel, war mir der Beruf nicht Berufung, nicht letzte Erfüllung? Warum, um Himmels Willen, waren Sébastian und ich eines Tages auf die Idee gekommen, dass die natürlichste Sache der Welt auch unserer Natur entspräche?

8.

Während Tagen war ich traurig. Ich schleppte die depressive Verstimmtheit mit mir herum und wollte nicht, dass Sébastian mir half, sie loszuwerden. Seine Zeichen der Zärtlichkeit und Liebe konnte ich nicht annehmen.
Ich funktionierte im Büro.
Meiner Schwiegermutter gelang es schliesslich, mich aus der Lethargie wachzurütteln. In der Klinik, sagte sie am Telefon, hätten sie eine körperlich und geistig behinderte Frau, die an einer schweren, seelischen Krankheit leide. Diese Frau habe kürzlich ein Kind geboren, das ebenfalls körperlich behindert sei. Der Sozialdienst der Klinik sei nun auf der Suche nach einem Platz für das Neugeborene. Ob wir vielleicht ...
Meine Müdigkeit und meine Trauer waren wie verflogen. Das Herz hüpfte vor Freude.
Wie? Wir? Wir ein Kind?
In meinem Kopf arbeitete es fieberhaft. Würde es mir gelingen, über eine Behinderung wegzusehen und das Baby langsam lieben zu lernen?
Meine Schwiegermutter, die das Sekretariat in einer psychiatrischen Klinik leitete, fragte: Bist du noch am Apparat?
Nein, ich meine ja!
Nach dem Telefon versuchte Sébastian, in meinem Innern zu forschen. Ich hatte sehr grosse Angst vor der lebenslangen Verantwortung für ein schwer behindertes Kind. Hätte das Schicksal es so gewollt, dass ich selber ein behindertes Kind zur Welt gebracht hätte, wäre es, so hoffte ich wenigstens, meiner Fürsorge sicher gewesen.
Der Gedanke an eine mögliche Adoption liess mich aber von diesem Tag an nicht mehr los.
War es nicht so, dass die Entscheidung für eine Adoptivelternschaft in den letzten Jahren viel von ihrer Ausserordentlich-

keit verloren hatte, dass Adoptivkinder gar zum festen Bestandteil des sozialen Alltags geworden sind?
Und – erfüllten sich Adoptiveltern durch ihre Elternschaft nicht nur ihren eigensten Kinderwunsch, sondern auch einen gesellschaftlichen Auftrag?

In der Frauenkommission der Synode war mir Lisa eigentlich schon lange aufgefallen.
Die leicht bucklige Frau war nicht nur äusserlich anders als die zehn andern Frauen, sie musste auch schon Ausserordentliches erlebt und durchgestanden haben.
Ich suchte zu Lisa engeren Kontakt. Schliesslich wurden wir Freundinnen. Die sportliche junge Frau mit den wachsam-kritischen Augen verriet mir eines Tages, was es hiess, sechs Leben hinter sich zu lassen.
Als Lisa das Licht der Welt erblickte, genauer, als sie die unbarmherzige Schwüle des Sommers erstmals einatmete, war sie glücklich, denn es fehlte ihr an nichts, was nicht auch neugeborene Hauskätzchen zur Verfügung gehabt hätten. Für Lisa stand eine gepolsterte Kiste bereit. Und die Milchdrüsen ihrer Mutter funktionierten.
Selig schlief Lisa nach der Geburt in der Stube und erwachte erst wieder, als Sofili, die ältere Schwester, laut weinend nach Hause kam und stotternd erzählte, dass es den Vater auf dem Feld nicht gefunden und dass die Wirtin unten im Dorf …
Psst, Sofili, unterbrach es die Mutter, sei still, doch Sofili schluchzte weiter.
Über dem Tannenfels sammelten sich die wüsten Wolken. Bald drangen die trüben Wasser des Tannenfelsbaches als Rinnsal in die Stube und vermischten sich mit den Lachen von Mutters gesprungener Blase.
Gegen Abend drang ein neuer Geruch in Lisas Leben.
Vaters Atem kam nah und immer näher. Wie ein plötzliches Kuhschwanzschlagen streiften seine Hände Lisas Kopf, er riss

ihr die Tücher vom Leib, betastete ihr Geschlecht und warf sie dann, nackt und in grossem Bogen, zur Mutter ins Bett. Nicht schon wieder, schrie der Mann und versetzte dem am Boden kauernden Sofili einen Tritt.

Später, als die leeren Flaschen wie Zinnsoldaten auf dem Küchentisch standen, begann Lisas Vater zu lallen: Wenn es eine, eine Katze wär', hätte ich sie jetzt ersss...

Sein letztes Wort ging unter im Kaskadenrauschen, das fortan Lisas Ohren marterte und sie pausenlos wimmern liess, wenn der Mann seinen Fuss über die Türschwelle setzte.

Sobald Lisas Füsse sie trugen, nahm Sofili sie an die Hand. Das war gut, denn so brauchte sie ihrer Mutter nicht im Wege zu stehen.

Im Wald fanden die Mädchen einst ein verwaistes Siebenschläferkind. Sie kuschelten das liebliche Tier in ihre Arme und fütterten es mit bunten Vogeleiern.

Eines Morgens im Dezember, als die Sonne wie eine Weihnachtsmandarine über dem Sempachersee aufging, rief die Mutter mit zärtlicher Stimme hinauf in die Kammern: Kommt Mädchen, wir wollen im Städtchen Stiefel kaufen!

Die Mutter setzte beide aufs Rad, Sofili hinten, das Schwesterchen vorn. Lisas Beinchen, dünn wie Ziegeneuter, baumelten rechts und links der Lenkstange. Wenn Lisa die Augen zukniff und den Kopf weit nach hinten beugte, war ihr, als flöge das Christkind mit goldenen Flügeln zwischen den Tannen einher.

Nach dem Sturz und dem Aufprall am Boden hörte Lisa den Fahrer des Viehtransporters fluchen: Die Frau ist mit dem Fahrrad auf der falschen Seite gefahren! Wie hätte ich da auf dem vereisten Waldweg zu bremsen vermocht?

Sofili klagte über Schmerzen im Knie. Lisa tat die Stirne weh. Als sie sich aufzusetzen versuchte und das warme Blut über ihre Augen und die Wangen zu rinnen begann, erbarmte sich ihrer ein gütiger Schlaf.

Vor der Kirche schenkte man den Mädchen Blumen.
Die mussten sie der Mutter ins Grab hinunterwerfen.
Lisa fror, denn Stiefel hatte sie keine.
Das war Lisas erstes Leben.

Lisas zweites Leben begann mit Schweinen und Hühnern, die sie jeden Morgen zu füttern hatte. Ich sag's deinem Vater, drohte die Bäuerin, wenn der Fuchs ein Huhn holte oder wenn die Schweine an einer seltsamen Krankheit krepierten. Der Bauer, der Lisas Onkel war, schlug so lange auf sie ein, bis sie fest daran glaubte, sie hätte mit dem Tod der Tiere zu tun.
Als die Verwandten merkten, dass Lisa für die Schweine nichts taugte, schickten sie sie in den weit entfernten Kindergarten. Der Weg machte Lisa nichts aus, nur singen wollte sie im Kindergarten nicht, nie, keinen Ton. Die Lehrerin nahm's ihr nicht übel. Sie legte ihre Hand auf Lisas Milchtansenrücken und sagte: Armes Würmchen!
Das war Lisas zweites Leben.

Drei oder vier Jahre nach Mutters Tod, als Sofili und Lisa eines Nachmittags von der Schule kamen, stand ein verbeulter Sportwagen vor dem Bauernhof.
Kommt Kinder, jetzt hol ich euch heim, sagte der Mann, der Lisas und Sofilis Vater war, und die fremde Frau, die sich an ihn schmiegte, nickte und betrachtete dabei ihre heidelbeerfarbenen Fingernägel.
Die fremde Frau war nicht bös. Sie schenkte Lisa Sandalen, Slips und Schals und andere Dinge, die sie nicht mehr brauchte. Dafür musste Lisa im grossen Bett mit ihr spielen. Immer lud die Frau einen ihrer Freunde ins Schlafzimmer ein. Die Stehaufmännchen der Männer machten Lisa fürchterlich Angst und sie ekelte sich zu Tode, wenn nach dem Spielen klebriger Schleim an ihren Schenkeln hockte.
Nichts Vater sagen, sagten sie.

Lisa sagte nichts.
Im Verlaufe der Zeit blieb Lisas Mund auch bei den Mahlzeiten zu.
Im Spital tropften sie ihr Nahrung in die Venen.
Sei schön brav, sagten sie.
Lisa war brav, auch in ihrem dritten Leben.

Später kam Lisa zu Meiers, Sofili zu den Müllers. Die Meiers hatten zwei Töchter und Lisa wurde die dritte. Zusammen mit Zümi, dem Hund, fuhren sie weg für lange Ferien, in ein fernes, warmes Land, wo Orangen wuchsen und Bananen und wo der laue Wind einem den nackten Rücken liebkost, wo man Sandburgen baut und das Meerwasser die Knöchel umspielt.
Lisa sammelte Muscheln und schenkte sie Meiers, die sich freuten und herzlich bedankten.
Am Strand traf Lisa Sherom und Mustach, zwei schwarze Gestalten, die lachten und sie mit ihren Gitarren umkreisten, als wäre sie eine Königin.
Eines Tages wurde Lisa aus dem meierschen Paradiese vertrieben. Was hatte sie in ihrem vierten Leben bloss falsch gemacht?

Lisas Patin besass einen reichen Mann und ein protziges Haus, aber trotz aller Pilgerfahrten nach L. und nach F. ging bei ihnen der Stammbaum zu Ende.
Jetzt hatten sie wenigstens Lisa.
Das Mädchen tat alles, was man von ihm verlangte, es war fleissig und lieb. Verdammt gut, sagte der Mann von der Patin, wenn er seinen Namen ins Zeugnis setzte, stolz, als hätte er die Leistung vollbracht.
Das war Lisas fünftes Leben.

Der Schule entwachsen, verliess Lisa die Patin, das Haus und die Verehrer, zu denen auch der Mann von der Patin gehörte,

und zog in die Stadt. Dort lernte sie bei fremden Männern fremde Sprachen.
Ango war vernarrt in ihre hüftlangen Haare. Er schrie nicht und schlug sie kein einziges Mal, so dass sie sich nicht ungern von ihm schwängern liess.
Der Winzling, den sie zur Welt brachte, war dunkel und schön wie einst Sharon und Mustach in Sumatra.
Am zehnten Tag nach der Geburt verweigerte das Baby Lisas Brust. Es brüllte wie ein Stier.
Lisa verlor die Geduld.
Am zwölften Tag stellte Ango beide auf die Strasse.
In der Kälte der winterlichen Stadt wurden Lisas Gedanken klar. Würmchenkreislauf, sagte sie, geh zu Ende.
Lisa gab das Kind frei.
Es wurde rasch vermittelt und bekam gute Eltern.
Wie vom Teufel besessen, begann Lisa zu laufen. Sie trainierte hart und brachte es weit.
An Wettkämpfen im Ausland jubelte man ihr zu und ihre Fan-Gemeinde war gross.
Das war Lisas sechstes Leben.

Als das Rauschen in Lisas Ohren zum Gedröhn von startenden Flugzeugen wurde und ihre Gelenke zum Zittern brachte, machte sie sich auf zum Tannenfels.
Dort hockte der Mann, der ihr Vater war, im Pferdestall, trank Bier und beklagte das Bein, das ihm die Sauhunde im Spital wegen des bisschen Rauchens abgenommen hätten. Und Schulden hätte er auch, klagte der Mann, einen siechvoll Schulden und wie Lisa aussähe, sagte er, würde sie sicher gut verdienen.
Lisa kickte mit der Fussspitze in den Pferdemist. Da spürte sie das Wasser an ihren Schenkeln. Mit einer Selbstverständlichkeit, als hätte sie ihrer Lebtag auf diesen Augenblick gewartet, nahm sie eine leere Bierflasche, lüpfte den Rock und tat das für eine Frau Schwierige.

Andächtig wie eine Priesterin übergab sie das warme Glas ihrem Vater.
Der Mann glotzte sie an.
Schwein, sagte Lisa. Für dich. Vor dem Schlachten.
Während sie raschen Schrittes hinunterstieg zum See, der seine grauen Wogen glättete, sang Lisa so laut und so schön, wie ein Mensch wie sie zu singen vermag:
Im siebenten Leben, da werde ich leben!

Wer hatte wohl Lisas Kind adoptiert?
Ich begann mich zu fragen, welche Qualitäten Adoptiveltern besitzen müssten. Dieselben wie alle guten Eltern? Oder benötigten Adoptiveltern von allen Eigenschaften ein Quantum mehr: Mehr Geduld, mehr Liebe und Zuneigung, mehr Grosszügigkeit und Spontaneität?
Vor allem, dachte ich, müsste ich als Adoptivmutter die Zuversicht besitzen, dass das unter dem ungünstigen Stern begonnene Leben meines Kindes doch einen guten Lauf nimmt.

Die Wahrscheinlichkeit, ein Adoptiv-Kind aus dem eigenen Land aufnehmen zu können, erachteten wir als sehr gering. Zum einen, so belehrte man uns, würden fast keine Kinder mehr freigegeben, zum andern warteten auf ein Kind zehn Adoptiv-Elternpaare.
Vielleicht ein Kind aus der Dritten Welt?
Für die vielen gesunden Kinder, die jährlich aus meinem Land im Westen adoptiert werden, würden genug kinderlose einheimische Eltern warten, erklärte uns ein indischer Freund. mit kranken und behinderten Waisenkindern sei der barmherzige Samariter im Ausland genauso hartherzig wie der Inder. Der Kindertransfer Süd-Nord sei zur profitträchtigen Spielwiese kommerzieller Vermittler geworden, über die rund 90 Prozent aller Adoptionen aussereuropäischer Kinder in der Schweiz liefen.

Noch mehr zu denken gaben uns die Vorwürfe eines philippinischen Sozialethikers an die Adresse der reichen Industrieländer. Zuerst habt ihr unsere Bodenschätze und Naturreichtümer geraubt, sagte er, dann unsere Männer als Sklaven und billige Arbeitskräfte genommen und später unsere Frauen und Mädchen für eure Freudenhäuser geholt. Jetzt wollt ihr auch noch unsere Kinder!
Aus der Sicht der Entwicklungsländer war die Vermittlung von Kindern in europäische Staaten und in die USA also nur die Fortsetzung der Ausbeutung der Dritten Welt.

Ich wusste, dass in Entwicklungsländern Frauen oft mit gesundheitsschädigenden Verhütungsmitteln (zum Beispiel Dreimonatsspritzen, die in den USA wegen der möglichen krebserregenden Wirkung verboten sind) und Sterilitätsprogrammen am Gebären gehindert wurden.
Gebärzwang hier,
Geburtenverbot dort.
Zwei Seiten der gleichen Medaille.

Sébastian verfasste dazu ein Gedicht.

Hier
die Manager managen
und beklagen
ihre Butterbäuche
einsam
beschreien
die Frauen
ihre unfruchtbaren
Leiber

Dort
die Bauern bauern

und bedauern
ihre Hungerbäuche
gemeinsam
bestaunen
die Frauen
die Früchte ihrer
Leiber

Durch die Vermittlung des Internationalen Kinderhilfswerks Terre des Hommes und anderer Institutionen hatten in Westeuropa Tausende von Eltern ein Kind aus der Dritten Welt oder Osteuropa adoptiert. Viele Adoptiveltern schrieben Berichte über ihre Erfahrungen mit ihren Adoptivkindern. Darin las ich, dass sich Familien mit Kindern aus der Dritten Welt vor ähnliche Schwierigkeiten und Probleme gestellt sähen wie jene, die ein Kind aus dem eigenen Land adoptierten. Jedes Kind, das von seinen leiblichen Eltern getrennt wurde – wo und durch welche Umstände auch immer – und in eine neue Familie hineinwuchs, musste ja die schwierige Aufgabe bewältigen, die Kluft zwischen der Vergangenheit und seinem neuen Leben zu überbrücken. Warum war eigentlich in der Öffentlichkeit so wenig von geglückten Adoptionen die Rede?

Eine Zeitlang kam ich mir vor wie eine Bergwanderin, die den passenden Aufstieg in die Höhe sucht und dabei im Tal herumirrt, weil sie sich nicht entscheiden kann, auf welchen Berg es sich zu kraxeln lohnt. Jene Höhen, wo als Belohnung ein Kind winkte, musste ich gar nicht erst besteigen.
Ein eigenes Kind würde ich nie haben können.
Ein Adoptivkind?

Meine Grossmutter hatte mir einmal erzählt, dass ihre wohlhabende, kinderlose Freundin ein armes, uneheliches Würmchen bei sich aufgenommen und grossgezogen habe.

An Kindes statt.
Welch schreckliches Wort!

Wenn Sébastians und meine Gedanken auch hin und wieder um die Adoption kreisten, realistisch waren sie nicht, sondern glichen wunderschönen, farbigen, zerbrechlichen Seifenblasen.
Eines war uns bald bewusst: Damit ein mögliches Adoptiv-Kind nicht eine zu grosse Ladung von Zuwendung bekäme – wir würden uns nämlich unsäglich an einem Baby freuen – würden wir vielleicht zusätzlich Tageseltern werden. In unseren Herzen und in unserer Wohnung, so stellten wir uns vor, hätten wir genügend Frei-Räume, um gemeinsam mit Kindern frohe, sonnige Tage, aber auch dunkle, stürmische Nächte zu verbringen. Doch solche Träume lagen in der Ferne. Meine Schwangerschaft, das Verarbeiten der Tatsache, dass ich nie schwanger sein würde, war noch nicht durchgestanden, die Schmerzen nicht abgeklungen. Sie traten zwar nur noch sporadisch auf, aber mit einer Heftigkeit, die mich erschreckte.

Ich lernte Ulla kennen. Sie war leitende Angestellte in einer Grossbank. Ihr Mann und sie besassen ein prächtiges Haus mit Seesicht und einen Reitstall. Die attraktive Frau scheute seit Jahren weder Kosten noch Aufwand, um zu einem eigenen Kind zu kommen.

1958 hatte man mit den ersten systematischen Versuchen an Kaninchen begonnen, eine Befruchtung ausserhalb des Mutterleibes zu erreichen. Zehn Jahre später begannen die Ärzte, dieses Experiment an Frauen durchzuführen. 1978, also wieder zehn Jahre später, waren diese Experimente von Erfolg gekrönt: Louise Brown, das weltweit erste Retortenbaby, wurde geboren.

Heute gibt es vielleicht 50 000 Retortenbabys oder mehr.
Die praktische Umsetzung dieser Methode ging rasant schnell vorwärts. Doch von 100 Frauen, die sich dieser Prozedur unterziehen, gehen schätzungsweise nur gerade neun mit einem Kind nach Hause, für die restlichen 91 dagegen ist der Aufwand umsonst.
Wie wird das Verfahren für Ulla ausgehen? Ob erfolgreich oder nicht, aus dem Gesichtsfeld der Medizin und aus den Statistiken wird sie verschwinden.

Eines Tages äusserte Chantal den Wunsch nach Mitbeteiligung an meinem Geschäft. Ich war nicht abgeneigt.
Nach unserer Besprechung fragte ich mich, wie eigentlich Chantals persönliche Zukunft aussähe. War sie wirklich, wie sie einmal betonte, der geborene Single, der es nicht ertrug, mit jemandem über längere Zeit die Wohnung zu teilen? Was war mit ihrem Freund in Payerne, war er nun geschieden oder nicht?
Inwieweit sollten bei geschäftlichen Verhandlungen auch private Bereiche angesprochen werden? Würde ich mich bei einem Mann auch über aussergeschäftliche, persönliche Zukunftsperspektiven erkundigen?

Mein Beruf als Grafikerin nahm mich voll in Anspruch. Oft verliess ich unsere Wohnung früh und kehrte erst spätabends nach Hause zurück. In meinem Büro hingen reihenweise Plakate, die unsere Agentur ausgeführt hatte. Ich mochte die leicht unordentliche Atmosphäre in meinen Arbeitsräumen. Sie regte mich zum kreativen Schaffen an. Daheim konnte ich schlecht arbeiten. Selbst wenn Sébastian nicht da war, fühlte ich mich abgelenkt. Ich dachte ans Kochen und Einkaufen, ich füllte zwischendurch die Waschmaschine oder nahm ein Brot aus dem Tiefkühlschrank.
Eines Abends, als ich gegen zwanzig Uhr noch im Büro sass, erschien Marisa zum Putzen. Während ich überlegte, ob ich die

liebenswürdige Italienerin bitten sollte, mich nicht zu stören und erst morgen zu kommen, stellte mir Marisa ein Stück Panetone aufs Pult. Ich schaute überrascht von meiner Arbeit auf und sagte: Vielen Dank, Marisa! Essen Sie mit?
Die Putzfrau strich mit den Fingern über ihre Wangen. War Marisa verlegen oder hatte sie Kummer?
Wir setzten uns an den runden Tisch mit den Wienerstühlen.
Omi Richter ist gestorben, begann Marisa.
Ich kannte diese Omi nicht.
Doch, meinte Marisa, Sie haben bestimmt in der Zeitung gelesen, dass die Frau vom ehemaligen Oberrichter Henkermann gestorben ist.
Die Henkermanns gehörten zu den reichsten Familien unserer Stadt. Dass Marisa etwas mit ihnen zu tun gehabt hatte und dass sie, wie sie erzählte, gar die Vertraute der alten Dame gewesen war, überraschte mich sehr.
Als Omi Richter am ersten August im Sterben lag, war Marisa bei ihr gewesen. Die beiden Frauen tranken zusammen einen Schnaps, einen von der teureren Sorte, den die Frau Richter nur fingerhutweise auszuschenken beliebte, seit Marisa die Kristallgläschen mit dem eingebrannten Familienwappen über das Bohnenlied gerühmt hatte und Omi Richter befürchtete, Marisa wolle sie beerben.
Marisa, sprach streng die Frau Richter nach dem ersten branntweinigen Zungenkitzeln, Marisa, du bist zum Putzen da!
Signora Marisa stülpte keck den leeren Fingerhut über ihr Näschen und fragte: Wo soll ich beginnen?
Wo immer, keuchte die Omi.
Früher hatte Marisa zuerst das Pillenschränklein im Schlafzimmer ausfegen müssen, bevor der Herr Richter nach Hause kam und ein Nickerchen brauchte, damit er am späten Nachmittag mit dem Richten fortzufahren imstande war.
Doch jetzt war der Richter schon lange tot und die Richterin so gesund, dass sie keine Pillen mehr brauchte und die Putz-

frau keine Putzfrau mehr war, sondern Gesellschafterin, dies jedoch nur, weil die vornehme, reiche, alte Dame wegen Flüssiggeldmangels gezwungen war, in die Niederungen ihrer ausländischen Hilfskraft hinabzusteigen, wie die Omi es verächtlich nannte, und obwohl die Frau Richter den gröbsten Dreck selber wegputzte, spielten sie zusammen das Spiel von der Dame und der Dienerin.

Am ersten August wurde alles anders.

Marisa erlaubte sich, nach dem üblichen Wo-soll-ich-beginnen-wo-immer-Spiel nicht aufzustehen, sondern in ihrer Schürzenverkleidung die Schönheit der Vestonstiche im Tischtuch zu rühmen.

Spekulierst du wieder aufs Erben?, schrie die Richterin böse. Kalter Schweiss tropfte von ihrer Stirn. Die alte Dame riss unladylike das stockfleckige Tuch vom Tisch und versenkte es in der Truhe aus Weidengeflecht.

Schau aus dem Fenster, alte Putzerin, keuchte die Omi, die Birken beugen sich im Schneewind und die Fernsehantennen auf den Dächern zittern wie Schlottergreise!

Marisa erschrak und nickte heftig, als könnte sie damit verleugnen, dass die Kinder in Shorts und dünnen Leggins unten im Hof herumhüpften und einander Schäre, Stei, Papier zuriefen und Summervogel flüg uus und Myni Rakete chlöpft luter als dyni.

Schlüpf in meine Hochzeitsschlarpen, befahl nun die Richterin, milder gestimmt.

Marisa ekelte sich vor den ausgelatschten, stinkigen Kälbermistfäden. Viel lieber hätte sie eine Schachtel geöffnet im Gästezimmer, das Imelda Marcos Kellerraum glich. Da, beim Schachtelentstauben, hatte sie sich einst verliebt in einen Schuh aus rotem Samt und goldener Seide.

Doch Marisa war sich bewusst, wofür sie bezahlt wurde. Sie zog die Pantoffeln über ihre schwarzen Strümpfe, die noch ihrer Mutter gehört hatten, und wartete auf neue Anweisungen.

Marisa wartete vergeblich, denn der Richterin schien zum erstenmal in ihrem Leben die Kraft zum Befehlen zu fehlen. Mühsam legte sich die geborene Madame de Deux auf den mit einem gräulichen Bettlaken geschützten Diwan, wo schon die Schwiegermutter ihre letzte grüne Galle ausgeworfen hatte. Als die Richterin nur noch da lag mit starr geöffnetem Mund, aus dem die Knoblauchzehen rochen, verliess Marisa das Haus. Sie trug keine Schürze und keine Pantoffeln, aber ein paar Bündel Papiere aus der Kommode neben dem Pillenschränklein.

Ich hatte den Kuchen allein aufgegessen, eine Kanne Tee getrunken, zugehört und gedankenverloren Marisa beim Putzen zugeschaut.
Marisa, fragte ich, hast du der Richterin Geld gestohlen?
Ja.
Wozu brauchst du Geld, Marisa?
Ich getraue mich nicht, es zu sagen.
Versuch's, Marisa!
Ich, wir ...
Was ist, Marisa?
Mein Mann sagt, mit Geld, mit viel Geld, er weiss eine arme Familie in Appulien, die haben schon viele Kinder, das jüngste, das Baby, ein Onkel, ein Bruder des Vaters würde es uns bringen, stellen Sie sich vor, wir hätten ein Baby, einen Buben, stellen Sie sich vor, Giovanni müsste sich nicht mehr schämen wegen mir, wenn wir endlich ein Baby hätten, doch, doch, ich würde weiterhin putzen, Giovanni würde zu ihm schauen am Abend, nicht wahr, Sie meinen doch auch, ich könne das Geld behalten von Omi Richter, für ein Kind, ein einziges ...
Ob Marisa das Geld zurückgegeben hat, wie sie mir versprach, weiss ich nicht, doch an Weihnachten war sie schwanger. Sie werde trotzdem bei mir putzen kommen, sagte Marisa und strahlte.

Sébastian und ich träumten von einer zweiten, grossen Zentralamerikareise. Vielleicht könnten wir diesmal versuchen, dort zu leben und zu arbeiten, Sébastian als Fremdsprachenlehrer, ich als Töpferin, Weberin, Grafikerin.
Der Traum war verlockend: auswandern, unsern Berufen nachgehen, vielleicht sogar Kinder adoptieren.
Gottlob siegte die Vernunft. Vor Ende meiner Schwangerschaft durfte ich keine einschneidenden Entscheide treffen.
Ich wollte mein ungelöstes Problem nicht in ein Drittweltland schleppen.
Wäre der Duft des Aufregenden, des Neuen erst einmal vorüber, stünde ich bald wieder am selben Punkt wie hier. Alle Probleme würden mich mit der Zeit einholen, auch im hintersten, entferntesten Winkel der Erde.

Beim Eintritt in die Säuglingsabteilung stockte mir das Herz. Durch die Glasscheibe schaute ich der Reihe nach in jedes Kinderbettchen. Die meisten Babys schliefen. Ich konnte meine Blicke nicht abwenden. Ich starrte sie an, die rötlichen und gelblichen Köpfe der Säuglinge, ihre dunklen Haare, die winzigen Fäustchen.
Ich biss mir auf die Lippen. Vielleicht hätte ich sonst geschrien: Warum gehört keines dieser Babys mir?
Zwei Säuglingsschwestern betraten mit einem Arzt die Abteilung. Wie auf frischer Tat ertappt, wandte ich mich ab und schritt durch den langen Gang nach hinten.
Meine Schwester strahlte, als ich ihr den Blumenstrauss überreichte und zu Oliver, ihrem dritten Kind, gratulierte.
Ich bin wahnsinnig glücklich, sagte Isa.
Meine Schwester erzählte ausführlich alle Details des Geburtsvorgangs. Als Oliver zu weinen begann, reichte ich ihr das Kind zum Stillen. Während das Baby an Isas Brust nuckelte, fragte mich die strahlende Mutter: Macht es dir eigentlich nichts aus, Céline, dass du kein Kind hast?

N-nein, log ich. Hätte etwas anderes zur stillenden Mutter und in das mit Rosen und Röschen und Margeriten überladene Maternitézimmer gepasst?
Am andern Tag nach Arbeitsschluss fuhr ich nochmals ins Spital. Mit aller Kraft zog es mich wieder in die Säuglingsabteilung und zugleich fürchtete ich mich.
Ich war nicht fähig gewesen, das Geschenk für meinen neugeborenen Neffen, ein gelbgestreiftes Jäcklein, fertig zu stricken. Ich hatte rechte Maschen ins Linksmuster gestrickt, vergass das Abnehmen, entdeckte Fallmaschen und gar ein Loch, das vom plötzlichen Wenden der Arbeit in der angefangenen Runde herrührte. Ständig machte ich Fehler und musste von vorne beginnen.
Die angefangene Strickarbeit bewahrte ich eine Zeitlang in meinem Korb auf als Erinnerung für knochenharte Trauerarbeit.

Sébastian und ich sangen das Hohe Lied der Freiheit. Wir waren uns plötzlich der Freiheiten während unserer Freizeit bewusst.
Wir begannen dankbar zu sein, dass wir öfters die Freizeit nach unserem Gutdünken gestalten konnten. Warum sollten wir uns nicht freuen, dass wir nach anstrengenden Wochen in der Schule und im Büro zur Erholung und ohne schlechtes Gewissen auf den Azoren schwimmen oder uns mit Büchern ins Calancatal verkriechen konnten? Und, wie schön war es doch, am Samstagabend mit Freunden zusammenzusitzen und danach auszuschlafen, wenn uns danach zu Mute war. Oder am Sonntag in aller Herrgottsfrühe aufzustehen, weil wir den Sonnenaufgang über dem See erleben oder die Chagall-Ausstellung in Frankfurt besuchen wollten.
Vermehrt und mit Vergnügen begannen wir wieder unsere Patenkinder und die Kinder meiner Schwester zu hüten und Sébastians allein stehende, kränkliche Tante auszuführen.

Wir wurden dankbarer für die Geschenke der Frei-Zeit. Langsam lernten wir sie bewusster nutzen,
allein,
zu zweit,
in Gesellschaft.

Zufällig las ich in einer Eltern-Zeitschrift einen Leserinnenbrief: Ich bin 35 Jahre alt und kann mich mit meinem Schicksal nicht abfinden: Ich bekomme keine Kinder! Operationen, der Versuch einer künstlichen Befruchtung – alles ergebnislos. Mich regt es schon nicht mehr auf, wenn die Leute sagen, na, wann ist es denn bei euch endlich soweit. Aber weh tut's doch, zuzusehen, wenn im Bekanntenkreis wieder ein Baby geboren wird. Wie sind andere mit diesem Problem fertig geworden?
Ich trug diesen Zeitungsausschnitt lange mit mir herum. Ich hatte vor, dieser unbekannten Leidensgenossin zu schreiben, doch innerlich war ich noch nicht soweit, zu meiner Kinderlosigkeit offen zu stehen.
Später, so hoffte ich, würde ich aus gereifter Distanz meine Lebensbedingungen mit meinen Augen sehen und zu ihren Wahrnehmungen stehen.

9.

Es war trüb in der Berghütte, draussen hingen die Nebelschwaden wie Berggeister an den Felsen. Wir wollten nochmals, hoffentlich zum letzten Male, reden über das, was die Gynäkologen und Urologen als medizinisch machbar erklärten, wir wollten nochmals Fakten und Gefühle hinterfragen.
Sébastian und ich hatten viele Informationen eingeholt, wir tauschten aus, was wir in Fachzeitschriften gelesen, rekapitulierten alle Gespräche mit Fachärzten und nahmen die Ratschläge unserer Freunde und Freundinnen ernst.
Sie waren kraftraubend, unsere ewigen Diskussionen. Manchmal waren Sébastian und ich überzeugt, wir hätten das Thema nun genug beredet, wir könnten es ein für allemal abschliessen. Hatten wir uns dafür wirklich neun Monate Zeit gegeben? Wärest du echt schwanger, sagte Sébastian, würden wir als werdende Eltern wahrscheinlich auch endlos diskutieren, wie unser Kind heissen, wie es aussehen würde, wie wir es pflegen und erziehen würden.
Medizinisch, sagte Sébastian immer wieder, sind wir keine hoffnungslosen Fälle.
Medizinisch gibt es heutzutage überhaupt keine hoffnungslosen Fälle, behauptete ich. Doch – wollen wir die Medizin nicht auf unsere kranken Tage sparen? Oder sollten wir mit Hilfe der Ärzte den Segen der Elternschaft erzwingen? Und sie mit ihrem Ein- und Aus- und Umpflanzen so lange bemühen, bis der liebe Gott vor ihrer Hartnäckigkeit kapitulierte? Hielt die Verfügbarkeit der Technik uns nicht davon ab, nach einem individuellen Sinn der Kinderlosigkeit zu fragen?
Wenn Feministinnen früher auf ihre Fahne geschrieben hatten Mein Bauch gehört mir, dann stimmte diese Aussage jetzt auf andere Art für mich: Ich liess zwecks Kindermachens keine Spezialisten an meinen Bauch. Ich wollte die Natur walten lassen.

Mir gefiel der Satz, den ich bei Paracelsus nachgelesen hatte: Die Frau gehört der Natur beziehungsweise der Erde, die unmittelbar in ihr wirkt und alles bewirkt, was an Mütterlichkeit in ihrem Körper geschieht. Nicht die Frau ist die Mutter des Kindes, sondern die Gebärmutter.
Meine Gebärmutter wollte kein Kind.

Ich erinnerte mich, was Borissa mir eingeschärft hatte: Wir Frauen haben die Wahl, den männlichen Technokraten entgegenzuwirken, indem wir unser Selbstvertrauen stärken, uns gegenseitig unterstützen und Alternativen schaffen jenseits der Mutterschaft. Nur wenn wir Frauen konsequent unsere Mitarbeit bei der gen- und reproduktions-technologischen Forschung verweigern, kann der verhängnisvolle Wettlauf gestoppt werden.
Mir war bekannt, dass es weltweit Forscher gab, die an der künstlichen Gebärmutter arbeiteten. Ihr Ziel war es, die Frau als Störfaktor auszuschalten und unabhängig zu werden vom unkalkulierbaren Gebärverhalten von Frauen. Wurden die Leiden von ungewollt kinderlosen Frauen nicht als Vehikel benutzt, um diese für Frauen bedrohlichen Entwicklungen voranzutreiben?

Gerade in diesen Tagen ging eine Sensationsmeldung durch die Presse: Dem amerikanischen Reproduktionsforscher Jerry Hall von der George Washington Universität war das Klonen menschlicher Embryonen gelungen, er stellte durch Splitting identische Kopien menschlicher Embryonen künstlich her.
Sébastian war der Meinung, dass dem ersten Aufschrei der Öffentlichkeit und der Presse vermutlich eine allmähliche und stillschweigende Akzeptanz und mit gewissem Abstand die juristische Sanktionierung folgen werde.
Wann werden an Ärztekongressen Fotoalben herumgereicht mit Bildern von besonders geglückten Menschenkindern?

Wann war der Taumel der Experimentierfreudigkeit auf diesem Gebiet zu Ende?

In der Zeitung sahen die 600 Jungen und Mädchen auf dem Rasen vor dem Hall-Krankenhaus in der englischen Stadt Bourn ganz gewöhnlich aus. Sie schauten Jongleuren zu, spielten und schleckten Eis. Die Kinder stammten aus verschiedenen europäischen Ländern, aus den USA, aus Indien und aus Swaziland. Aus Island war eine Familie mit Vierlingen angereist.
Unter den Kindern gab es Zwillinge, die nicht am selben Tag Geburtstag haben: Amy Wright zum Beispiel war dreieinhalb Jahre alt, ihre Zwillingsschwester Elisabeth ein Jahr und fünf Monate jünger. Alle diese Kinder, erklärte der Gynäkologe Professor Robert Edwards einem Zeitungsreporter, alle diese Menschen sind so normal wie Sie und ich.
Etwas Ungewöhnliches hatten alle 600 Kinder doch: Ihr Leben hatte in der Klinik auf einem Glasteller begonnen. Jetzt feierten die Retorten-Kinder ein Fest. Wurde ihnen erklärt, warum die Luftballone mit den Namen der in Bourn gezeugten Kinder in den Himmel stiegen?
Louise Brown, das erste Kind der Welt, das ausserhalb des Mutterleibes gezeugt wurde, war als Teenager mit auf diesem Geburtstagsfest. Eine englische Zeitung betitelte den Anlass mit Eine Party für den Glasteller. Die Zeit war nicht mehr fern, wo aus den Retorten-Kindern Eltern wurden.
Ich war erschüttert, als Sébastian mir sagte, dass man bereits 1962 auf dem Ciba-Geigy-Symposium in London zum Schluss gekommen sei, dass «Fortbestand und Qualität der menschlichen Rasse nicht länger dem Zufall und der Natur überlassen werden solle».
Bisher einmalig war der Prozess um die Verwendung des Spermas eines Toten: 1987 erkrankte ein junger Mann an einem bösartigen Hodentumor. Hoffnung auf Genesung bestand durch Anwendung von Chemotherapie. Da die Gefahr bestand, dass

durch diese Behandlung die Zeugungsfähigkeit leiden könnte, wurde der Patient auf die Möglichkeit hingewiesen, vorher Spermien abzunehmen und einfrieren zu lassen. Damit konnte dann später auf Ersuchen des Patienten eine künstliche Befruchtung vorgenommen werden.
Nach einem operativen Eingriff traten Komplikationen auf und der Patient starb. Nach dem Tod ihres Sohnes äusserten die Eltern den Wunsch, das eingefrorene Sperma aufzubewahren, damit die ehemalige Braut eventuell künstlich befruchtet werden könnte. Sollte sie davon keinen Gebrauch machen wollen, wüssten die Eltern ein kinderloses Ehepaar in der Verwandtschaft, das möglicherweise Interesse hätte.
Wenn der Samenspender stirbt, wird in der Regel auch des Sperma vernichtet. Im Falle des junges Mannes aus Holland hatte dieser vor seinem Tod jedoch verfügt, dass sein Sperma nicht vernichtet werden durfte. Die Eltern bekamen im Aufsehen erregenden Prozess recht: Das Sperma ihres toten Sohnes musste noch zwei Jahre lang in der Universitätsklinik von Leiden aufbewahrt werden. Wozu? Für Sébastian und mich jedenfalls bestand keine Notwendigkeit, dass Tote Leben zeugten.

Kinder haben, beteuerten einige unserer Freunde, sei nicht nur schön und beglückend. Kinder kosteten auch Geld, Zeit und Nerven. In den – unbewusst – vorwurfsvollen Reaktionen auf unsere Kinderlosigkeit sprachen diese Freunde uns nicht in erster Linie auf die schönen Seiten der Elternschaft an, es gab selten Sätze wie: Wenn ihr wüsstet, was ihr verpasst! –, sondern merkwürdigerweise nannte man oft die Belastungen.
Bald mussten wir annehmen, dass uns die Verweigerung dieser Belastungen zum Vorwurf gemacht wurden: Ihr wollt bloss das Geld, die Zeit, die Ruhe für euch, ihr wollt nichts für Kinder aufopfern!
Sprach aus diesen Vorwürfen nicht auch Neid für unsere Lebensform?

Andere Eltern sagten, dass ihre Entscheidungen weitgehend ungeplant erfolgten; Kinder zu haben sei eine Selbstverständlichkeit, entspreche der menschlichen Natur und sei zum Teil biologisch begründet. Die meisten von uns befragten Paare meinten spontan, dass Kinder zur Ehe gehörten, dass diese Vorstellung von frühester Jugend an selbstverständlich war und dass Kinder eine Vertiefung der Partnerschaft darstellen würden. Kinder brächten Freude und weil die eigene Kindheit oft als schöne Zeit erlebt wurde, wollte man diese Erfahrung weitergeben. Schliesslich würden durch Kinder Gefühle von besonderer Bindung und Nähe entstehen und Fähigkeiten wie Kreativität und Phantasie könnten neu erfahren werden.
Ich bestritt es keineswegs, dass bestimmte Erfahrungen im Leben nur mit Kindern und durch Kinder gemacht werden konnten. Doch – mussten es eigene Kinder sein, damit diese einmalige Art von Sinnlichkeit, Lebendigkeit und intensiver Zuneigung erfahren werden konnte?

Sébastian erzählte, dass seine kinderlose Tante noch immer weinte, wenn sie im Herbst die Erstklässler zur Schule gehen sähe. Auch wir würden unser ganzes Leben lang mit der Tatsache konfrontiert sein, keine Kinder zu haben, keine Kinder und keine Enkelkinder, die unsern Lebensabend bereicherten. Es war aber bei weitem nicht so, dass wir beständig Fragen ausgesetzt gewesen wären. Die Kinderlosigkeit wurde allmählich zu unserem normalen Alltag. Bloss bei bestimmten Anlässen brachte das soziale Umfeld zum Ausdruck, dass wir aus der Reihe tanzten.

Sterbenselend schleppte ich mich vom Bad ins Bett und vom Bett ins Bad. Zum erstenmal, in all den Jahren, seit ich mit Sébastian zusammen war, fühlte ich mich dermassen schlecht. Die Crevetten und das Sorbet vom gestrigen Geschäftsessen waren unverdaut in der Kanalisation gelandet.

Sébastian schlief den Schlaf des Gerechten. Ich könnte neben ihm wegsterben, er würde nichts merken, dachte ich wütend. Als am Morgen der Wecker losging, erschrak er über mein Aussehen. Besorgt brachte Sébastian eine Wärmeflasche und einen Krug Tee.
Ich versuchte zu dösen. Bald spürte ich wieder diesen Druck auf dem Magen, der sich durch eine Öffnung entleeren wollte. Ich fürchtete mich vor dem nächsten Schub. Mein ganzer Körper schien aus bitterschleimiger Galle zu bestehen. Die Beine waren schwabbelig und wollten mich nicht tragen. Am Telefon bat ich Chantal, die Verhandlung mit dem Babynahrung-Kunden zu übernehmen. Über Nahrung zu sprechen, hätte ich nicht ertragen und das Thema Baby war im Moment ebenfalls tabu.
In meinem Zustand begann ich, wie schon oft, unsere Kinderlosigkeit in einem Meer von Tränen zu ertränken.

Meine Schwangerschaft trieb sonderbare Blüten. Eines Tages bescherte sie mir eine Reise in die Zukunft, gerade so, als ob ich nicht schon an der Gegenwart genug zu kauen gehabt hätte.
Ich sah mich plötzlich als reife Frau in den Wechseljahren. Ich schaute der Tatsache entgegen, dass mein jugendliches Aussehen, meine Kräfte abnahmen. Es war die Zeit der organischen und hormonellen Umstellung.
Ich wusste, dass andere Frauen in dieser Zeit eine tiefe Veränderung akzeptieren mussten – die Macht nämlich, Leben hervorzubringen. Ich stellte mir vor, dass der Abschluss der fruchtbaren Jahre sich auch auf ihre Psyche auswirkte, genauso wie die Tatsache, dass früher ein Embryo in ihrem Bauch herangewachsen war. Der Verlust der körperlichen Fruchtbarkeit musste etwas besonders Einschneidendes sein, da ja die meisten Frauen ein langes Erwachsenenleben damit rechneten, schwanger zu werden.

Die magische Kraft, Leben hervorzubringen, werde ich in den Wechseljahren nicht betrauern müssen. Werde ich müheloser als körperlich fruchtbare Frauen die Zeit des Klimakteriums, des zweiten Erwachsenwerdens, erleben? Werde ich ebenso wenig menopausale Beschwerden haben wie die Chinesinnen, in deren Land traditionell der alternde Mensch hoch angesehen ist?
Auch wenn mein Körper für die Dauer von einigen Jahren aus seinem chemischen Gleichgewicht geraten wird, ich fürchtete mich nicht davor!

Eines Tages war es eindeutig. Die viele Denkarbeit hatte sich gelohnt.
Sébastian und ich wollten keine Menschenmacher-Versuchskaninchen sein,
wir wollten keine Eingriffe in unseren Körper,
keine Machenschaften der Medizin,
kein künstliches Kind,
keine Louise.

10.

Ich wartete am Eingang zum Gate. Die Männer hockten zu Dutzenden unter den Palmen und starrten ins Wageninnere.
Ich stieg aus.
Ich fröstelte.
Guide, sagte der Chauffeur und zeigte auf einen der Männer, die angerannt kamen und halfen, meine Tasche und den Sack auszuladen, Guides name is Rafiki.
Rafiki schüttelte meine Hand.
Do you speak English?, fragte ich. Rafiki lachte und führte mich zum Gate, wo ich meinen Namen, die Nationalität und mein Alter in ein grosses Buch schreiben musste. Ich warf einen Blick auf die Eintragungen: Es waren meist Männernamen, der älteste 63, der jüngste 22. Sie stammten aus Neuseeland, Japan, Südafrika, Frankreich, Italien.
Rafiki war verschwunden. Ich setzte mich neben dem Gate auf den Boden, legte den Wanderstock quer über meine Oberschenkel und betrachtete fast zärtlich meine dunkelgrünen Bergschuhe, mit denen ich schon über alle Berge gegangen war.
Ohne Sébastian. Für meinen Mann lauerten in den hohen Bergen Gefahren: Reissende Bäche, Schnee- oder Eisfelder, die überquert werden mussten, Kreten, auf denen ein Fuss hätte ausrutschen können.
Sébastian mochte das Wasser, vor allem das warme. Im Winter gingen wir oft ins Thermalbad, im Sommer ans Meer. Auf Strandspaziergängen konnten wir uns ohne Anstrengung unterhalten, absitzen, umkehren. Das Ziel an einem kilometerlangen Strand war überall und nirgends. Anders in den Bergen. Wer vor dem Gipfel umkehrt, hat das Ziel nicht erreicht. Ich sammelte Berggipfel. Zur Not konnten es auch papierene sein. Die Ansichtskarten-Sammlung wuchs. Sébastian schmunzelte über mein Hobby und brachte mir doch immer wieder

seltene Exemplare nach Hause. Weiss der Kuckuck, wo er die Karten auftrieb!

Im Sommer, sagte ich an einem regnerischen Frühlingstag, fahren wir doch wie gewöhnlich an die See?

Sébastian nickte.

Und nachher, Sébastian, möchte ich wieder einmal in die Berge. Allein.

Allein? Doch nicht über die Zeit deines Geburtstags!, entgegnete Sébastian. Sein Widerstand war schwächer als erwartet.

Als es soweit war, änderte ich meinen Plan.

Ich will von zu Hause weg gehen, sagte ich provozierend.

Das tönt so doppeldeutig, meinte Sébastian.

Ich schmunzelte. Möchtest du mich das erste Stück begleiten?, fragte ich.

Ach, wir könnten doch erst einen schönen Sonntag zusammen verbringen, sagte Sébastian mit leicht trauriger Stimme.

Ich dachte: Ist mich begleiten nicht schön?

Wir spazierten über den Hügel zum See und hatten es schön. Wir wanderten nach Hause, duschten und hatten es schön. Vor Glück sahen wir das Feuer im Elsass. Gegen Abend besuchten wir ein befreundetes Paar. Sébastian verriet meine Wanderpläne. Der Mann machte eine spöttische Bemerkung, die Frau fragte skeptisch: Allein auf Wanderschaft? Du als Frau?

Auf dem Heimweg meinte Sébastian, dass er enttäuscht gewesen sei, weil die Freunde mein Vorhaben nicht verstanden.

Verstand er mich?

Verstand ich mich selber?

Damals ging ich bis an die Grenzen.

An jene des Landes.

An jene meines Körpers.

Ich sah die Hügel und Felder, die Blumen und Wege, die Strassen, Dörfer und Hotelzimmer mit meinen und mit Sébastians Augen. Ich erzählte ihm in Gedanken, was ich sah, wovor ich mich fürchtete, was mich freute.

Sébastian war auch in Wirklichkeit ein guter Zuhörer.
Als ich nach zwei Wochen nach Hause zurückkehrte, waren wir beide guter Dinge. Am Sonntag gingen wir gemeinsam spazieren, über den Hügel zum See und wieder zurück. Dann duschten wir und hatten es schön.
In Frühjahr hatte ich, trotz Schwangerschaft, mit einem intensiven Fitness-Training begonnen: Tagtäglich, unabhängig von der Witterung, fuhr ich mit dem Fahrrad zur Arbeit.
Als ich vor unserer Abreise hierher meine Wintersachen im Estrich durchsuchte, setzte sich Sébastian zu mir und sagte besorgt: Geh nicht auf diese Tour, Céline. Ich denke, sie ist gefährlich. Ich schüttelte energisch den Kopf und packte unverdrossen Badekleid und Wollmütze, Shorts und Daunenjacke, warme Unterwäsche und Baumwollsöckchen ein. Die Bergschuhe fanden keinen Platz mehr im Koffer. Ich zog sie, zusammen mit einem Baumwollkleid, auf die Flugreise nach Tansania an. Sébastian konnte sich eine Bemerkung nicht verkneifen.
Die Badeferien waren wie gewohnt geruhsam, beschaulich, friedlich. Stundenlang schlenderten wir dem Strand entlang, diskutierten, lasen. Es waren Tage des Da-Seins, des Lauschens, des Sehens mit zugekniffenen Augen.
Faulenzen.
Sonne, warmer Wind auf dem Körper.
Unendlicher Morgenschlaf.
Tagsüber war Sébastian oft mit dem Fotoapparat unterwegs, ich mit Block und Zeichenstift.
Es erfreute unsere Sinne, abends im Hotel genüsslich von den Früchten des Meeres, von den knackigen Gemüsen zu essen.
Wir schlenderten durch den Markt, atmeten die fremden Düfte ein und liessen das Stimmengewirr an unsere Ohren kommen. Wir fuhren mit dem Einheimischenbus. Der Spaziergang durch Dörfer und Weiler war ein Gang durchs Kinderland. Wie Trauben hingen die Babys an ihren Müttern,

schmatzten an den Brüsten, klebten an den Rücken, schwitzten.
Kinder so zahlreich wie Fliegen.
Lachen.
Frauenlachen.
Kinderlachen.
Ich dachte, was ich schon in der Säuglingsabteilung gedacht hatte, als ich meine Schwester besuchte: Wenn nur eines dieser Kinder mir gehörte.
Nur eines.
Auf dem Feld arbeitete eine Frau. Wir grüssten sie. Die Frau antwortete überraschenderweise auf Englisch. Wir begannen zu plaudern. Als der Gesprächsstoff ausging, fragte ich: Wo sind Ihre Kinder? Die Frau lachte nicht mehr. Hatte ich eine dumme Frage gestellt? Musste mir, ausgerechnet mir, das passieren? Ich entschuldigte mich.
Die Frau stützte sich auf ihre Hacke und schaute meinen Mann verlegen an. Sébastian verstand und spazierte mit langsamen Schritten dem Maisfeld entlang.
Die schwarze Frau begann von ihrer Hochzeit zu erzählen: Du sollst die Mutter vieler Söhne und Töchter werden, hatten damals die Gäste gesungen und mich umtanzt. Der Schwiegervater schöpfte schäumendes Bier in einen Krug, den er zum Trunk anbot. Das war vor vier Jahren. Der Segen der Hochzeitsgäste wirkte nicht. In Tansania, sagte die Frau, ist es eine Schande, keine Kinder zu haben. Eine kinderlose Frau wird verachtet. Wer weiss, was sie angestellt hat, flüstern die andern. Ich bin zwar Christin, aber in einer Vollmondnacht ging ich trotzdem zur grossen Zauberin. Die nahm einige Knochen, tauchte sie in eine dunkle Flüssigkeit und legte sie mir auf den Bauch. Die Zauberin reichte mir einen Krug mit einem bitteren Trank, ich musste um ein Feuer schreiten und singen: Eh, eh, eh, viele Söhne, viele Töchter, eh, eh, eh! Die Zauberin warf einige Knochen in die Höhe und fing sie wieder auf. Dann

sagte sie: In sieben Wochen wirst du ein Kind in deinem Bauch tragen. Doch zuerst musst du mir zwei Hühner bringen. Ich brachte zwei Hühner. Die Monate vergingen. Nichts passierte. Mein Mann wurde ungeduldig. Eines Tages verliess er mich.

Sébastian war von seinem Spaziergang zurückgekehrt. Er legte seinen Arm um meine Schultern. Gehen wir?, fragte er. Ich nickte.
Ich habe auch keine Kinder, sagte ich hastig und beschämt zur unbekannten Afrikanerin.
Die schwarze Frau warf mir einen kurzen, fragenden Blick zu, lachte laut und schlug sich mit der Hand auf die Brust. Dann wurde sie nachdenklich und hauchte: Sister! You are my sister!
Sie nahm eine Banane aus ihrem Tuch, warf sie mir zu und machte sich wieder an die Arbeit.

Sébastian und ich übernachteten in einem tansanischen Fischerdorf. Als wir in der Frühe erwachten, hörten wir laut klagende Männer und Frauen durchs Dorf ziehen. Sie hatten ihre Gesichter weiss bemalt. In ein Laken gehüllt, trugen sie ihren Verstorbenen mit. Wer einen grossen Schmerz erleidet, darf in jenem Land schreien, auch wenn er kein Kind mehr ist.

Mein Mann hatte im Geheimen bis zum letzten Augenblick gehofft, dass es mir verunmöglicht würde, den höchsten Berg Afrikas zu besteigen. Die Hütten waren besetzt. Anscheinend war ich nicht die Einzige, die diesen Sommer ein Abenteuer erleben wollte.
Der Kilimanjaro lockte.
Ich hatte dem freundlichen Herrn im Reisebüro einen Dollarschein überreicht, einen grossen, zusammengefalteten. Sébastians Non, non kam zu spät.
Es gab nun in den Berghütten einen freien Platz.

Ein geschäftiges Treiben herrschte am Managua Gate. Nach langem Warten stand ich auf und stolperte über den Wanderstock vor meinen Füssen. Ich hob ihn auf, band den Riemen des Rucksackes über dem Bauch zusammen und ging auf die Suche nach meinem Führer.

Ich fröstelte und fühlte mich einsam. Ich sehnte mich nach Sébastian. Wäre ich nicht besser mit ihm zusammen an den Lake Manyara und in den Ngorongoro-Park gefahren und hätte das einmalige Tierparadies kennen gelernt? Wie lange hockte ich eigentlich schon da? Ich hatte zwar absichtlich meine Uhr in der Schweiz zurückgelassen, jetzt aber vermisste ich sie. Hier in Afrika konnte ich mich nicht auf mein Zeitgefühl verlassen. Ich wurde nervös. Zum Teufel, wozu hatte ich mein gutes Geld ausgegeben und obendrein den Reisebüroangestellten bestochen, wenn sie mich jetzt einfach hier sitzen liessen?

Energisch schritt ich zu den wartenden Afrikanern unter den Palmen. Dort schaute ich mich fragend um. Welches war mein Führer? Alle schwarzen Männer sahen ähnlich aus.

Ein junger Mann mit kariertem Hemd stand rasch auf, warf die Zigarette weg, zeigte lachend die Zähne, kam auf mich zu und fragte: Ready?

Ich redete auf den Führer ein und beschwerte mich mit europäischer Ungeduld über die Warterei. Der Führer zeigte sich unbeeindruckt, sagte erst Rafiki, dann Ready.

Endlich marschierten wir los. Die beiden Träger, fast noch Buben, balancierten auf dem Kopf mein Gepäck und das Essen für sechs Tage. Die Träger gingen erst hinter uns, dann überholten sie Rafiki und mich und schliesslich entschwanden sie meinen Blicken. Was würde aus meinem Schlafsack, den Hosen und Hemden zum Wechseln und dem warmen Pullover werden?

Die Sonne löste sich aus den Nebelwolken. Wir schritten flott voran. Vorerst schlängelte sich ein breiter Weg durch den Dschungel. Dann wurde der Weg schmaler und leicht anstei-

gend. Exotischer konnte ich mir eine Gegend nicht vorstellen: Riesige Farne, moosbewachsene Urwaldriesen und prachtvolle Hagiabäume, dazu ein unaufhörliches Zirpen und vereinzelte, unbekannte Tierlaute aus den Tiefen des Urwalds.
Am oberen Rand des Maundi-Kraters trafen wir auf eine Blumenwiese. Hierhin hätte Sébastian mit seinem Fotoapparat kommen sollen: Die gelben und roten Fackellilien standen aufrecht wie Kerzen, und versteckt im Gras sah ich erikaähnliche Gewächse, blühende Strohblumen und rote Iris. Rafiki stand geduldig neben mir, bis ich meinen Skizzenblock aus dem Rucksack gefischt und mit müden Armen ein paar der auffälligsten Blumen gezeichnet hatte.
Wir übernachteten auf einer hügeligen Lichtung in den Mandara-Hütten. In den von Norwegern erbauten Zeltdachhäusern war es kalt.
Meine beiden Träger sorgten fürs Essen.
Bevor ich mich in die Hütte zurückzog, amüsierte ich mich im angrenzenden Urwald über die Affen, die sich in bekannter Manier von Ast zu Ast fallen liessen, miteinander spielten oder einfach dahockten und mich anstarrten. Schnell und früh brach die dunkle, kalte Tropennacht herein. Die Sterne funkelten um die Wette.
Ich dachte an Sébastian. Ob auch er im Wildpark die Sternbilder beobachtete?
Rafiki und ich brachen anderntags rechtzeitig auf. Wir verliessen den Urwald und wanderten Stunden um Stunden durch das Hochmoor. Die Landschaft bot nur wenig Abwechslung. Der Regenwald im Tiefland und die stimmungsvollen Wolkengebilde gaben mir ein unerklärliches Gefühl von Weite. Ein letzter Anstieg brachte uns zum Plateau der Horombo-Hütten. Wir hatten bereits eine Höhe von 3700 Metern erreicht. Gute Nacht, Sébastian, flüsterte ich, als ich den Reissverschluss des warmen Schlafsackes schloss, gute Nacht. Morgen, mein Lieber, geht deine schwangere Frau weiter aufwärts!

Nach einem weiteren Tag, an dem wir von der Hütte aus eine Akklimationstour gemacht hatten, marschierten wir frühmorgens bei strahlender Sonne durch hohes, heidekrautartiges Gewächs und über sumpfige Moospolster. Schon bald zwang mich ein herrliches Motiv, meinen Zeichenblock wieder hervorzuholen: Weit entfernt erhob sich majestätisch der Kilimanjaro und einige hundert Meter vor mir, als würde gerade eine Szene für einem Film gedreht, gingen die Träger mit ihren Kochtöpfen und Holzbündeln im gleichmässigen Tempo aufwärts. Den Weg säumten graue Felsblöcke, welche bei früheren Vulkanausbrüchen hinausgeschleudert worden waren.

Unentwegt stiegen wir aufwärts. Auf einem flachen Zwischenstück von der Grösse eines Fussballfeldes stand ein Holzbalken mit der Aufschrift: Last Water. Von jetzt an stand kein Wasser mehr zur Verfügung. Das war ein neues und eigenartiges Gefühl. Fast andächtig füllte ich meine Feldflasche mit sauberem Quellwasser.

Die Vegetation wechselte. Wie mit weisser Asche bedeckt, schimmerte das Ruhrkraut. Die Luft wurde spürbar dünner. Schweigend wanderten Rafiki und ich durch die endlose Steinwüste. Noch wuchsen verstreut Strohröschen, schutzsuchend hinter vereinzelten Steinen oder sich flach an die Erde klammernd. Bald entdeckte ich in dieser Wüste nur noch Flechten auf Steinen und Felsblöcken. Rafiki, mein Führer, bot mir von Zeit zu Zeit eine kleine Zwischenverpflegung an: Eine Orange, Tee und Brot, ein hartgekochtes Ei.

In der Kibohütte auf 4700 Metern Höhe assen wir eine lauwarme Suppe und gingen um sechs Uhr abends schlafen. Die Hütte, ein ungemütliches, kaltes Steinhaus, war bis zum letzten Platz mit Bergsteigern besetzt. Auf der Pritsche neben mir lag ein junger Mann, fast noch ein Kind. Wahrscheinlich hatte er Fieber. Er atmete schnell, stöhnte und wälzte sich.

Ich konnte nicht einschlafen. Die wildesten Gedanken plagten mich.

Wenn dieser fremde Jugendliche neben mir stürbe!
Wenn Sébastian im Wildpark von Tieren angefallen würde!
Wenn ich morgen Kreislaufschwierigkeiten bekäme und man mich ins Tal tragen müsste!
Ich fror entsetzlich in meinem Schlafsack und den Kleidern.
Das lange Warten, das Zählen der Viertelstunden begann.
Kälte und angstmachende Gedanken waren kein gutes Ruhekissen.
Endlich wurde es Mitternacht. Tagwache. Mit klammen Fingern versuchte ich mich anzuziehen: die wärmste Unterwäsche, den dicken Pullover, Skijacke, Echarpe, Handschuhe. Vorsichtig öffnete ich die Hüttentür. Der Mond schien sehr hell und war ungewohnt nah.
Diese Kälte! Jemand sprach von zwanzig Minusgraden. Schlotternd zwang ich mich, ein paar Schritte in der Kälte zu gehen. Vielleicht verging so meine starke Übelkeit, der rasende Kopfschmerz.
Ready?, fragte Rafiki. Ich nickte, trank einen Schluck Tee, nahm meinen Bergstock und die Taschenlampe und schritt im gleichmässig langsamen Tempo hinter meinem Führer die steilen Serpentinen hinauf.
Mein Kopf, der Magen und die Beine rebellierten. Ich war wütend auf meinen Körper. Sollte jetzt alles umsonst gewesen sein, mein tägliches, wochenlanges Trainieren, die seelisch-geistige Vorbereitung?
Nach eineinhalb Stunden im lockeren Lavasand und dem eisigen Wind schaffte ich es nicht mehr. Immer häufiger musste ich stehen bleiben. Schliesslich gab ich mit tränenden Augen auf.
Rafiki begleitete mich in die Hütte zurück. Der kranke junge Mann lag noch immer neben meinem Schlafplatz. Er atmete gleichmässig laut. Ich legte mich hin, stand auf, legte mich hin.
Nein, in dieser Hütte, neben diesem fremden Kranken, nein, hier hielt ich es keine Minute aus. Ich suchte in der Dunkelheit das Plumpsklo, übergab mich, ging hinaus, hinein, hinaus.

Endlich fühlte ich mich leichter.
Der Mond war verschwunden, das Licht der Sterne schien blasser. Ich schaute hinauf zum Berg.
Er lockte wie ein Magnet.
Er raubte mir den Verstand.
Erneut stieg ich aufwärts.
Ohne Taschenlampe, ohne Bergstock, ohne Wasserflasche. Im Rucksack eine Echarpe, ein Wundpflaster und eine Tüte Traubenzucker.
Ich ging im mir eigenen Tempo aufwärts. Mutterseelenallein. Weit oben am Berg sah ich winzige, zitternde Lichter. Die Bergsteigergruppen bewegten sich wie feierliche Lichterprozessionen.
Langsam, fast in Trance, stieg ich aufwärts, durchs Geröll, Schritt für Schritt. Meine Füsse gehorchten sehr ungern. Hundert Schritte müsst ihr tun, befahl ich ihnen, hundert Schritte, dann dürft ihr euch ausruhen!
Wenn ich im lockern Lavasand kauerte, spürte ich die dünne Luft nicht, die schlottrigen Beine.
Ich tat Schritt um Schritt.
Ich ging, sass, ging, sass.
Die Sterne funkelten nicht mehr.
Ich erreichte eine Höhle. Das musste sie sein, auf 5200 Metern Höhe, die berühmte Meyer-Höhle, die früher den Bergsteigern vor dem Gipfelsturm als Biwakschutz gedient hatte.
Ich ging weiter.
Aufwärts wie eine Schlafwandlerin.
Mein Körper schien nichts anderes zu wissen, als dass er aufwärts gehen musste.
Weit unten der Mawenzi, ein Viertausender.
Am Horizont in meinem Rücken erschien ein schmaler Streifen Licht.
Gelb-Orange.
Ich staunte, als hätte ich diese Farben noch nie gesehen.

Ich zwang mich zum Gehen.
Der gelb-orange Streifen wurde rot.
Fünfzig Schritte.
Ich setzte mich.
Die Sonne.
Die Sonne!
Ich schrie nicht.
Ich lachte nicht.
Tränen flossen über meine Wangen, versickerten in meinem Halstuch.
Die Sonne.
Meine Sonne.
Ich war allein auf 5500 Metern Höhe.
Himmel und Erde verschmolzen.
Ich war ein Teil des Himmels,
ein Teil der Erde.
Die Sonne stieg auf.
Für mich.
Ich gehörte ihr.
Worte konnten es nicht fassen.
Ich ahnte das Einssein, die Einheit mit der Natur.
Die Sonne brachte etwas Wärme. Ich zog meine wollenen Fäustlinge aus und betastete am Platz, wo ich stand, ehrfürchtig das Geröll und den kalten Sand. Langsam begann ich, Stein auf Stein zu schichten. Die schweren Steine raubten meine letzten Kräfte und doch wusste ich, dass ich es tun musste. Es war eine Zeremonie.
Als Schlafwandlerin machte ich mich wieder an den Aufstieg und erreichte schliesslich auf 5685 Metern den Gillmans Point. Ich setzte mich an den Kraterrand, starrte abwechselnd auf die Eisfelder und den Viertausender unter mir. Ein unbeschreibliches Glücksgefühl stieg in mir auf.
Nur ein Gedanke beherrschte mich: Das ist der Himmel!
Das ist der Himmel.

Vielleicht hatte ich die Worte auch halblaut vor mich hin gesagt, denn plötzlich bemerkte ich, dass mich alle aus der soeben angekommenen Gruppe von Bergsteigern neugierig anstarrten. Die in dicke Jacken, Wollmützen und Schals gehüllten Japaner beglückwünschten mich, fragten: Allone? Sie reichten mir eine Flasche mit einem starken alkoholischen Getränk und zückten die Kameras. Nein, danke, sagte ich, kein Bild von mir, das Glück kann man nicht fotografieren. Die vier Männer lachten, verstauten ihre Kameras in den Rucksäcken, massierten Waden und Kniegelenke, packten ihre Bergstöcke und stachen wie Skifahrer behend die steilen Schutthalden hinunter.
Ein paar Minuten gestand ich mir noch zu, am Kraterrand zu sitzen.
Die dünne Luft machte mich trunken.
Ich fühlte mich auf wundersame Weise allein.
Allein in Afrika.
Allein auf dieser Welt.
Sie gehörte mir.
Wie in einem vorüberziehenden Film sah ich nochmals den spektakulärsten aller Sonnenaufgänge, ich betrachtete die von mir oberhalb der Meyer-Höhle aufgeschichteten Steine. Während ich dasass und in der hellen, dünnen Luft sinnierte, durchzuckte mich plötzlich ein Gedanke. Mein Herz klopfte wild. In diesem Augenblick wusste ich, warum ich den höchsten Berg Afrikas hatte besteigen müssen:
Die Steine waren ein Grabmal.
Für meine nie geborenen Kinder.
Mir war es vergönnt, auf dem Kilimanjaro meinen Kinderwunsch zu begraben.
Jetzt konnte ich loslassen.
Nun endlich war ich in EINtracht mit der Erde, von der ich stamme, in EINtracht mit dem Himmel, dem ich gehöre.

Der Abstieg vom Kilimanjaro war für meinen geschwächten Körper eine Strapaze. Immer wieder versanken meine Bergschuhe im lockeren Lavagestein. Ich vermisste meinen Stock, der auf dem Schlafsack in der Hütte lag. Wenn ich einen kurzen Halt einschaltete, zitterten meine Beine. Fürchterlicher Durst plagte mich.

Doch ich nahm alles sehr gelassen. Als hätte ich einen kleinen Schwips, schnalzte ich mit der Zunge oder stiess im unendlich langen Abstieg grelle Pfeiftöne aus.

Vor der Kibo-Hütte wartete Rafiki. Er hatte von der japanischen Gruppe erfahren, dass ich den Gillmanns Point erreicht hatte. Rafiki schüttelte meine Hand, sagte: Congratulations!, sein drittes angelerntes Wort in Englisch und streckte mir mit sichtlicher Freude eine Flasche Coca Cola entgegen.

Wie auf solchen Expeditionen üblich, verschenkte ich den grössten Teil meiner mitgebrachten Kleider an den Führer und die Träger. Die Männer, ihre Frauen und Söhne und Töchter konnten die T-Shirts, Hemdblusen, die Seife, die Zahnpasta und den Kamm bestimmt gut gebrauchen, waren doch die Leute am Fusse des Kilimanjaros, wie die meisten Bewohner Tansanias, sehr arm.

Der Kilimanjaro hat viel von mir verlangt, der Lohn ist entsprechend gross, sagte ich überglücklich, als mich Sébastian zwei Tage später freudestrahlend in seine Arme schloss.

Du siehst müde und irgendwie anders aus, meinte Sébastian auf dem Weg in unser Hotel. Der Schweiss und der Schmutz machen mich alt!, lachte ich. Alt? Nein, aber vielleicht bist du klüger und weiser als zuvor, sagte Sébastian und küsste mich.

Aus der Dusche im Hotelzimmer floss, wie schon vorher, kein Wasser. Mein Mann nahm einen Waschlappen und wusch mich von Kopf bis Fuss. Wir erzählten und schwatzten, plauderten und lachten, bis das Waschbecken leer und mein Körper zum Umfallen müde war.

Vom Grabmal meiner nie geborenen Kinder am Kilimanjaro erzählte ich Sébastian vorerst nichts. Ahnte er etwas? Fruchtbarkeitsriten und Menstruationskulte hatten die Frauen schon in den frühesten Kulturen gekannt. Warum sollte es nicht auch Riten geben für Kinderlose?

Meine selbstauferlegte Schwangerschaft ging, so schien mir, nun endlich dem Ende entgegen. Alle Gefühle einer normalen Schwangerschaft – Überraschung und Freude, Angst und Zuversicht – hatte ich kennen gelernt. Zusätzlich waren bei mir noch Gefühle der Wut, der Isolation, der Schuld – als Strafe für einen zu lange aufgeschobenen Kinderwunsch – hochgekommen, ich war voll von Trauer, depressiven Verstimmungen, Minderwertigkeitsgefühlen.
Diese Schwangerschaft glich einer magischen Verwandlung. Zeitweilig fühlte ich mich glücklich wie eine frisch gebackene Mutter, die von den Augen ihres Babys verhext wird. Wie eine Frau in solchen Augenblicken meint, sie sei die erste Mutter der Geschichte, so gab es Momente, da glaubte ich, ich sei die einzige unfreiwillig Kinderlose dieser Welt.

Als ich eines Abends spät von einer Kundenbesprechung nach Hause kam, sass Sébastian am Spinett und spielte melancholische Weisen. Erschöpft zog ich Mantel und Schuhe aus, holte mir etwas zu trinken, liess mich in einen Sessel fallen und nahm die vertraute Musik in mir auf.
Sébastians Melodien wurden allmählich anders, lauter, fröhlicher, beschwingter.
Meine Müdigkeit verflog. Zaghaft begann ich, Übungen aus der Jazztanzschule zu improvisieren. Vor unsern Fenstern brach die Nacht herein.
Sébastian spielte. Ich tanzte.
Später übernahm Sébastian meine langsam-meditativen Bewegungen.

Als unsere Körper in der lichtlosen Dunkelheit des Wohnzimmers zueinander fanden, waren wir beide sehr froh und sehr gelöst. Im Glück waren wir eins.
Ich tanzte weiter, wild, ekstatisch. Müsstest du dich in Anbetracht deines Zustands nicht etwas schonen, Liebes?, fragte Sébastian scherzend. Mir war nicht nach Spass zu Mute. Sébastian, sagte ich ernst, in zwei, drei Wochen sind die neun Monate vorüber. Ich freue mich auf das Ende der Schwangerschaft. Ein wenig fürchte ich mich auch.
Wovor?, wollte Sébastian wissen.
Ich wusste es nicht.
Die Zeit bis zur «Geburt» sollte noch sehr intensiv werden.
Und wie schon oft, kam ich im Gespräch mit Sébastian unerwartet auf eine wunderbar heilsame Idee.

11.

Hast du schon von den Hunzas gehört, Céline, fragte mich mein Mann während des neu eingeführten, allabendlichen Spaziergangs im nahen Stadtwald. Die Hunzas? War das eine Rockgruppe, eine Sekte, eine exotische Tiergattung?
Nein, sagte Sébastian, das Kulturvolk der Hunzas, ein Völklein von 10'000 Menschen, lebt in einem Hochtal des Zentralhimalajas; es war bis vor wenigen Jahrzehnten nahezu hermetisch von der Aussenwelt abgeschlossen. Die Äcker des Hochtales brachten nicht genug Nahrung, um die Menschen das ganze Jahr über zu ernähren. Bis die Gerste im März reif wurde, fastete das ganze Volk wochenlang. Die Hunzas blieben dabei fröhlich und zufrieden; sie machten während der Fastenzeit ihre Feldarbeit und erneuerten ihre durch Lawinen zerstörten Bewässerungsgräben. Die Hunzas kannten keinen Arzt, sie brauchten keine Polizei. Ihr Leben spielte sich nach natürlichen Verhaltensregeln ab.
Jetzt ist das Tal zugänglich geworden. Die Hunza-Männer dienen als Soldaten in Indien und gehen dort auch einer Arbeit nach. Haltbare Nahrungsmittel wie Weissmehl, Zucker und Konserven werden importiert, das Volk hungert nicht mehr.
Seither gibt es im Hunza-Land die typischen Zivilisationskrankheiten wie Zahnfäule, Blinddarmentzündung, Gallenleiden, Übergewicht, Erkältungen, Diabetes ... Die Menschen brauchen jetzt nicht nur den Arzt, sondern auch den Polizisten. Die Gesundheit ihres Körpers, ihres Verhaltens und ihres Denkens ist zerstört.

Meine Neugier war geweckt.
Gab es im Hunza-Land auch Kinderlose?
Kaum hatte ich diese Frage gestellt, war sie schon als unwichtig beiseite gelegt. Ich war hingerissen von der Tatsache, dass ein ganzes Volk fähig war, zeitweilig zu fasten. Dass dabei der

Zeiger ihrer Glückswaagschale kontinuierlich oben blieb, grenzte für mich ans Phantastische.
Ich musste wissen, was es mit dem Fasten auf sich hatte.
Ich erfuhr, dass Menschen von Anbegin der Geschichte an gefastet haben, vor allem, um ihre seelisch-geistigen Kräfte zu stärken. Moses, Elia, Jesus, Buddha, sie alle fasteten vor grösseren Aufgaben und schwierigen Situationen.
Sogar in der Tierwelt wurde gefastet. Besonders gute Faster waren Königspinguine, die 35 bis 40 lang Tage fasteten. Der Lachs nahm bei seiner anstrengenden Flussaufwärtsreise und während der nachfolgenden Laichzeit keine Nahrung zu sich. Lachse mussten oft einen harten Kampf gegen Schnee und Kälte durchstehen. Dass gerade in dieser Fastenperiode ihre Brunftzeit mit hitzigem Kampf gegen die Geschlechtsgenossen und Befruchtung der weiblichen Tiere fiel, machte deutlich, dass Fasten keine Minderung der Lebenskraft bedeutete, im Gegenteil – Fasten bedeutete bei den Tieren potenziertes Leben!
Warum nicht auch bei den Menschen?

Von einer Stunde zur andern wusste ich, dass auch ich fasten wollte. Ich liess mich beraten, las entsprechende Literatur, bestimmte für mich einen günstigen Anfangstermin und dann, dann begann ich, zu meinem Heil zu fasten.
HEIL-Fasten.
Alle zwei Tage leerte ich gründlich meinen Darm und «ass» bedächtig meine Fastengetränke:
morgens $^1/_4$ Liter Tee,
mittags $^1/_4$ Liter heisse Gemüsebrühe,
nachmittags $^1/_4$ Liter Tee,
abends $^1/_4$ Liter Fruchtsaft,
dazwischen 2 Liter Mineral-Wasser.
Durch das Fasten wurde ich von überflüssigem Gewicht erleichtert. Und wie im Körper, so gab es auch in meiner Psyche

viel Ballast, den ich mit mir herumschleppte. Nun endlich konnte ich Gefühle loslassen, die nicht mehr meinem seelischen Reifungsgrad entsprachen.
Ich schied seelische Schadstoffe aus.

Während meiner Fastenzeit brauchte ich weniger Schlaf als üblich. Ich träumte viel. Mein Traumbuch lag stets auf meinem Nachttisch. Jeden Traum schrieb ich in mein rotes Buch, in das niemand Einsicht hatte.
Gegen Ende der Fastenzeit führte ein Traum mir vor Augen, welchen Aspekt meiner Persönlichkeit ich in meinem Leben unterdrückte und daher befreien musste.
Bekanntlich wurden Träume ursprünglich als von den Göttern übersandte Botschaften angesehen. Eine seelische Heilung war in der Antike eine Zeitlang nur durch einen gottgesandten Traum möglich. In einem Heiligtum auf der Insel Kos unterzogen sich Pilger auf der Suche nach Heilung einem Fasten- und Reinigungsritual, an dessen Ende ein Visionsschlaf lag. Die Suchenden erhielten Antwort, Lösung und Heilung in einem visionären Traum.
Warum sollten nicht auch heutige fastende Menschen unverhofft Lösungen für drängende Probleme im Traum finden? Warum sollten sich den heute suchenden Menschen im Fasten die Tore zwischen bewussten und unbewussten seelischen Vorgängen nicht noch weiter öffnen, damit sie Zugang finden zu tiefen, seelischen Kreisen?

Durch die grössere Offenheit für meine Gemütsbewegungen erlebte ich als Fastende auch meine Probleme phasenweise schmerzhafter als im Alltagsleben, wo diese durch äussere Ereignisse zugedeckt blieben. Die im Heilfasten erlebten Krisen wurden zu Heil-Krisen.

Während meiner Fastenzeit ging ich zwar nicht ins Büro, aber ich blieb auch nicht den ganzen Tag in unserer Wohnung. Für mich hiess Fasten: In die Wüste gehen. Die Wüste fand ich überall, wo Stille war, in der Wohnung, im Wald, im Museum, auf einem einsamen Spaziergang durch die Hügel, in einer Kirche. Ich lebte nach einem Ratschlag von Johann Wolfgang von Goethe: Hör jeden Tag ein kleines Lied, lies ein gutes Gedicht, schau dir ein treffliches Gemälde an und, wenn es möglich ist, sprich einige vernünftige Worte!
Die Meditation, seit Jahrtausenden bewährt, half mir zusätzlich, einen Ruhepunkt zu finden.
Meine eigene Mitte.

Sébastian fastete nicht. Er durchlief eine hektische Zeit, hatte er doch seine neue Aufgabe als Rektor des Gymnasiums eben übernommen. Er bereitete sich auf seine Art auf die Geburt, das neue Leben, vor.
An einem freien Wochenende besuchte Sébastian einen ihm besonders nahestehenden Ort, wo seine Vorfahren gelebt hatten. Dort, so erzählte mir Sébastian, habe er auf dem Friedhof einen Blumenstrauss hingelegt und dann mit seinen Ahnen gesprochen. Er dankte ihnen für alles, was sie geleistet hatten. Da wir für niemanden direkte Ahnen sein würden, bat er seine Vor-Ahnen, uns zu überschütten mit ihren Vor-Stellungen, uns zu geben, was sie tun wollten.
Sébastian war überzeugt, dass wir auf andere Art vollenden konnten, was unsere Vorfahren begonnen hatten.
Diese Geste meines Mannes rührte mich zutiefst. Sébastian war, wie meine Mutter vor ihrem Tod,
versöhnt mit seiner Vergangenheit,
versöhnt mit seiner Gegenwart,
versöhnt mit sich, mit mir.
Jetzt war es an der Zeit, dass ich ihm das Geheimnis vom Grabmal meiner nie geborenen Kinder am Kilimanjaro preisgab.

Ich brach das Fasten mit einem Apfel. Nicht umsonst wählte ich diese Frucht. Der Apfel war ein Symbol für die Vertreibung aus dem Paradies. Während des Fastens hatte ich mich beschwingt und schwerelos gefühlt wie im Paradies. Mit dem ersten Bissen wurde ich wieder der Erde zurückgegeben.
Jetzt war ich am Ende eines strapaziösen Weges, auf der Schwelle zu einer neuen, seelischen Entwicklung. Das Fasten war ein unbewusst gewähltes Übergangsritual, eine Wegscheide im Leben.
Keine Kinder zu zeugen und keine Kinder zu gebären, bedeutete für Sébastian und mich nun nicht mehr Schmerz und nicht mehr Verlust. Wir akzeptierten unsere Kinderlosigkeit.
Mit der Erkenntnis, dass Partnerschaft und Ehe einen Eigenwert besitzen, schauten wir getrost in die Zukunft.

Monate vergingen.
Wir wurden frei für neue Lebensperspektiven.
Langsam, still und leise wuchs in unseren Herzen und Köpfen der Wunsch, Eltern zu werden für ein Kind, dessen Körper und seelische Anlagen nicht den unsern ähneln mussten.
Gab es irgendwo auf dieser Welt einen jungen Menschen, der für uns bestimmt war? Sébastian und ich hätten ihn mit herzlicher Offenheit empfangen.

Vom Sonnenschirm fallen die letzten, schweren, dicken Tropfen. Wie ein luftiger Mantel umhüllen Nebel den Piz Chavalatsch. Die Glocken der altehrwürdigen Kirche von Müstair sind verstummt, der Neunzehnjährige begraben.
Im dunklen Anzug drückt sich ein verspäteter Trauergast der Häuserfront entlang.
Die Türe des Restaurants wird geöffnet. Unverhofft erscheint die Wirtin im Garten. Mit einem Lappen trocknet sie Stühle und Bänke. Als sie aufblickt und sich umschaut, erschrickt sie, als ob ein Ungeheuer in der Gartenecke hockte.
Haben Sie den ganzen Nachmittag hier im Gewitterregen gesessen?, fragt die Frau und kommt mit raschen Schritten auf mich zu. Den nassen Lappen klatscht sie über eine Stuhllehne.

Foto: Susann Rodel

Lydia Guyer-Bucher

Geb. 1945, Lehrerin, Sprachstudien in England und Amerika, Arbeit mit straffälligen Jugendlichen, Mitglied des Bundes-leitungsteam von Blauring/Jungwacht. Ausgedehnte Reisen durch Ostafrika, Zentralamerika, Indonesien. Journalistin und Kinderbuchautorin («Said», «Als Wendelin kam»). Absolventin des European Women's College, Zürich; engagiert sich für Frauenfragen; lebt in Buttisholz LU.

Unfreiwillige Kinderlosigkeit ist, gerade im Zeitalter der medizinischen All-Mach(t)-barkeit, ein brennendes Thema. Lydia Guyer hat – als direkt Betroffene – aus persönlicher Sicht darüber geschrieben. Ihr Buch ermöglicht Solidarisierung mit Paaren, die müde und stumpf geworden sind, vom Warten, von den ärztlichen Untersuchungen, der Trauer, der Wut. Sie zeigt, wie wichtig es ist, dass unfreiwillig kinderlose Paare Trauerarbeit leisten, um frei zu werden für neue Perspektiven.

ISBN 3-7296-0551-8

Lilli Gast

Magersucht
Der Gang durch den Spiegel

Centaurus